子どもが自ら学び出す！

自由進度学習のはじめ方

蓑手 章吾

学陽書房

はじめに

　私は小中高と、学校や勉強があまり好きではありませんでした。

　「教師のくせに……」と思われるかもしれませんが、今思えば登校渋りの子どもでした。

　当時、学校は「行かなければいけないところ」だったし、勉強は「苦しさに耐え、ほかの人よりも高い点数を取らなければいけないもの」でした。それが当たり前でした。

　大人になって気付いたことですが、私は人一倍競争に苦痛を感じる人間のようです。いえ、おそらくは私に限らず、競争に苦痛を感じる人は一定数いると思います。私もその中の一人で、そして今も変わらず競争は苦手です。

　趣味や好きなことですら、誰かと比較された途端にやりたくなくなります。もしかすると、実は生粋の負けず嫌いなのかもしれません。

　学校制度とは酷なもので、同じ年に同じ地域で生まれた子は一つの建物に集められ、望むと望まざるとにかかわらず、学歴競争レースに参加させられます。

　「それがあなたのためだから」「いい大学に行っていい会社に入ることが幸せだから」とでもいうかのように。

　私は全国の子どもたちの多分に漏れず、物心がついた時には登校を渋り、勉強からいかに楽なほうに逃げ通せるか、ゲームや漫画の時間に回すかばかりを考えていました。

　そんな「アンチ学校」のような私ですが、教師になることは小学校の頃からの夢でした。大きなきっかけは忘れもしない、高学年での授業の一コマです。

　その日の算数の授業は、これまでの復習のような授業で、早く終わった子から友だちを教えるようにと先生から言われました。

私は仲のよかった、生活態度も学習も決していいとは言えない友だちに教えることにしました。

　私は比較的、勉強はできるほうでしたので、ゲームや漫画になぞらえながら解き方の説明をしていくと、彼はどんどんできるようになりました。

　その時に彼から出た一言が「蓑手が先生だったら俺ももっと勉強できたのに……」でした。この言葉が教師になるまでの私を夢に突き動かし、教師になってからも自分の原点を振り返らせる大事なシーンとなりました。

　私はこの瞬間、「教える」ことや「人のためになる」ことの本能的な楽しさを感じたのです。同時に、私みたいな人間だからこそ、救える子どもたちもいるかもしれないと思いました。あれから25年、今でもその思いは変わっていません。

　しかし、夢があるからといって、学校の勉強には相変わらず身が入りませんでした。高校では日々の授業だけでなんとか点数を取りつつも、受験勉強には一切取り組まず遊びほうけ、受験票の写真は金髪。ギリギリで奇跡的に教育学部のある公立大学に入れました。

　大学で一つめの大きなターニングポイントがありました。

　全国から学友が集まり、学部も受ける授業もバラバラ。この先受験もないし、将来の進路だって違います。

　そんな環境でまっすぐに自分の夢につながる学びを始めた時、「え…勉強って、こんなに楽しかったの？」と思ったのです。衝撃的な体験でした。

　それからというもの、将来のビジョンのために試験を受けて社会学科から初等教育学科へ学科を変え、授業は毎回一番前で受けました。教員採用試験の勉強も1日10時間くらい行い、試験直後には絶対受かったという確信があるほどでした。それくらい、勉強が苦ではなくなっていたのです。

　その時に気付きました。きっと、競争ではなくなったから楽しめるようになったのだと。私は学びが嫌いだったのではなく、競争が嫌いだったのだと。

二つめのターニングポイントは、初めての異動で特別支援学校に配属された経験です。当時、土日もセミナーに通ったり教育書を多読したりしていた私は、授業におけるスーパーティーチャーを目指していました。言うなれば天狗でした。そんな高くなった鼻は、専門性のない特別支援学校という現場であっさりへし折られることになります。

　しかし、そこでの学びはどれも目から鱗で、本当に楽しかったのです。障害のある子どもたちが日々を懸命に生きる姿や、「レール」や「正解」もない中で子どもたちに寄り添う大人の在り方から、そもそも学びとは？　生きる目的とは？　人間とは？　幸せとは？　などの多くの問いを持つきっかけをもらいました。

　特別支援学校に勤務する傍ら、大学に通って特別支援の教員免許を取得し、その後は大学院に入学して人間発達について学びました。

　次第に、普通学校と呼ばれる日本の学校制度に疑問を持つようになり、私なりの仮説を確かめたいという思いから再び通常級に戻って4年が経ちます。

　昔から、大人の言うことに素直に従わない子どもでした。おかしいと思うことはやらない、頑固な人間です。

　たまたま魅了された「教育」という分野で、自分の身にふりかかったさまざまな経験や多くの素敵な方との出会いの上に、今、自分なりの「教育の理想的な形」を実践しています。

　そんな取り組みを、精一杯この本に詰め込ませていただきました。この本が、一人でも、誰かの心の琴線に触れるものであったら、こんなにうれしいことはありません。

蓑手　章吾

もくじ

序章 なぜ今、自由進度による自己調整学習か？

第1章 まずは「学び観」をアップデートしよう！

第 2 章　さっそく「自由進度学習」を やってみよう！

第 4 章　休校期間、オンラインでつないだ 3 か月の事実

序章

なぜ今、自由進度による
自己調整学習か?

1

休校により明るみになった、学習意欲に関する課題

✧ 新型コロナウイルスがもたらした影響

2020年2月27日。新型コロナウイルス蔓延の影響を受け、全国の学校に一斉休校の要請が出されました。学校制度が始まって以来の未知の出来事です。

これまで「子どもは学校に行くのが当たり前」「勉強は学校でやるもの」といった常識がいっぺんに覆された、そんな非常事態でした。

それから学校再開までの3か月、すぐにオンラインに舵を切った学校もあれば、結局3か月間、プリント課題を出し続けた学校もありました。

中には週の時間割を配付し、「朝は名札を付ける」「校歌を歌う」「体育の前に体育着に着替える」「トイレは5分休みの間に済ませる」など事細かに指示する学校もあったようです。

これまでの学校の役割が家庭にスライドし、授業や学習支援を保護者が行うという状況。そんな中で、保護者や地域からは学校に対し、多くの意見や批判、疑問の声が聞かれるようになりました。

✧ 強制しなければ学ばない子どもたち

なぜ学校では、山のようなプリント課題を出したり、時間割を配付したりしたのでしょう。もちろん教師としての使命感や何もできない焦燥感、申し訳なさなどもあるでしょう。

しかしそれ以上に、保護者からの「課題を出して！」という強い要望がありました。

それでは、なぜそのような要望があったのか。そこには、子どもたちの「学びからの逃走」があったようです。学校という束縛から解放され、机に向かわなくなった子どもたちを再び学習させるためには「学校の課題」という強制力を使わざるを得なくなったという状況です。

　このような要望は実は、今回の休校期間に限ったことではありません。新型コロナウイルスが猛威を振るう以前から、日々の宿題や夏休みの課題を要求する保護者の声は学校現場の対応に少なからず影響を与えてきました。そこにはプリントや課題を準備する手間や金銭的な問題というよりは、「学校の権威」という強制力に頼るものが大きいようです。

　この事実は、オンラインに舵を切った学校も同じような状況にありました。Web 会議システムで出席をとり、カメラを ON にしてその場に座り続けていることを強要する。保護者に取り組みを報告させる。そんな監視システムも見られたようです。

　強制しなければ学ばない子どもたち。それがさも当たり前のように受け入れられてしまっています。本当にそうなのでしょうか。

　子どもは「学びが嫌い」、それは仕方ないことなのでしょうか。

子どもは学びを強制されないと学ばない？

POINT

☑ 休校により、学ばない子どもたちが浮き彫りになった
☑ 「強制しなければ学ばない」のは当たり前？

2

学びは本来楽しいもの

✧ 学びは苦行？

休校期間中に家庭からは、こんな言葉が多く聞かれました。

「放っておいたら遊んでばっかり……」

「勉強しなきゃ置いていかれる……」

「教えなきゃできない……」

「子どもにとっては勉強が仕事！」など。

どれもわからなくはないことで、批判するつもりもありません。

しかし、なんだか心がザワザワするのです。遊びは悪？　教え込まなきゃ子どもは自発的には何も学べない存在？　置いていかれるって誰に置いていかれるの？　誰がペースを決めているの？　勉強はタスクなの？　そもそも、仕事はタスクなの？

一見どれも当たり前のように聞き逃してしまいそうな言葉ですが、ちょっと立ち止まってみると、不思議な気がします。

この背景には、大人の「学びは大切で、つまらなくても我慢しながらやらなければいけない苦行！」というマインドがあるのだなと思います。この考えをシフトチェンジしていかなければいけないのだと思います。

✧ 学びは生物的な快楽

本来、地球上のすべての生物は DNA を未来に残すことを目的に生きているわけで、そのためには成長することが必要不可欠なはずです。

今生き残っている生物は、環境に合わせて変化し成長してきたわけで、

そのためには成長を促す学びを「快楽」と感じるようにあらかじめインプットされているはずなのです。

　そう信じてみると、学びから逃走する子どもたちの姿はやはり違和感があり、危機感を感じるわけです。

◇ 学びの楽しさを取り戻す

　学びは本来楽しいもの。

　それを前提に、どうしたら子どもたちの学びを楽しいままにしてあげられるか。

　ここ数年、そんなことを考えながら実践を積み重ねてきました。

　そして今回の突然の休校。私の学年は早々にオンラインに舵を切りました。そこで大切にしたのも「学びの楽しさを取り戻す」ことと、「学校や先生がいなくても学べると実感してもらう」ことでした。

　学びを「楽しくする」のではなく、学びの楽しさを「取り戻す」のです。
その取り組みの具体が、第4章の実践事例であり、それを支える理論こそ、第1章から述べていく「自己調整学習」なのです。

学びは本来楽しいもの！

POINT

☑ 学びは本来楽しいものだと信じてみよう！

☑ 学びを「楽しくする」のではなく、楽しさを「取り戻す」

3

今こそ、自己調整学習力を つけていこう

✧ そもそも「自己調整学習」とは？

　新学習指導要領策定における文部科学省の会議で、何度も「自己調整」という言葉が取り上げられましたが、具体的には何を指すのでしょうか。**「自己調整学習」とは、一言で言うと「自立して学ぶ力」を身につける学習のことです。**誰かに押しつけられたり、強制されたりしなくても主体的に学び、自らを成長させることのできる力。そのような力が求められているのです。

　この背景には、大人も含めた日本人全体の学習意欲の低さがあります。諸外国と比べても、「学びたくない・実際に学んでいない」国民の割合が多いという調査結果（パーソル総合研究所「APAC 就業実態・成長意識調査（2019 年）」より）もあります。

　今回の学習指導要領では、関心・意欲・態度にあたるところの「学びに向かう力、人間性」がひときわ重点化されました。変化のめまぐるしい時代、リカレント教育の必要性ともあわさって、自己調整学習がますます必要となってくるでしょう。

✧ 「自己調整学習力」を身につけた子の変化

　自己調整学習を続けていった子の一番の変化は、何と言っても「学習がいやじゃなくなる」ということでしょう。

　ある日、クラスのレクリエーションで「なんでもバスケット」をやりました。椅子を輪の形にして座り、中央に一人立っている子がお題を出

します。そのお題にあてはまる子が席を移動し、座れなかった子が次の
お題を出す、というアクティビティです。その日、お題を出す子が「算
数の授業が好きな人！」と言いました。

　私はほとんどの子が席を立たないんじゃないかなぁと予想していたの
ですが、予想に反して半分の子が移動を始めました。たしかに、授業が
始まる前も初期と比べ、いやがる姿をほとんど見かけません。これはお
そらく、自己調整学習を繰り返してきた結果なのだと思います。

✧ どうすれば授業の中で「自己調整学習力」が身につく？

　授業で自己調整学習力を身につけるには、私たちの多くが受けてきた
授業スタイルを変えなければなりません。

　前向きに整然と並べられた机と椅子に座り、先生が決めた「今日のね
らい」を書き写し、決められた教科書のページを開いて問題を解いてい
く。みんな同じペースで、同じ問題を解き、最後に感想を書く。私たち
の大半は、このような一斉型の授業を受けてきたのではないでしょうか。

　このスタイルを「教師中心」と呼ぶなら、自己調整学習は「学習者中心」。
子どもたちの学ぶ力を信じることから自己調整学習は始まります。

自己調整学習で、学びがいやじゃなくなる！

POINT
☑ 自己調整学習力とは、自立して学ぶ力！
☑ まずは自分に合った授業スタイルを認識することから始めよう

4

自己調整学習を行った
子どもたちの変化

✧ 成長実感が、子どもたちを変える！

　自己調整学習は、言い換えれば「成長実感を得られる学習方法」です。
人はそれぞれ違うこと、自分に合った環境で努力をすれば誰でも成長
できること、そして成長とはすなわち喜びであることなどに気が付くこ
とができます。自己調整学習を行っていくと、子どもたちのさまざまな
変化に出会います。

- 自分の解答やテストの点数を隠したがる子がいなくなった。
- それまでまったく勉強に取り組まなかった子が、自らノートをとっ
  たり宿題をしたりするようになった。
- 自分に甘い目標設定や評価をしなくなった。
- テスト前に、対策をするようになった。
- いつも教師に質問してばかりだった子が自分で考えるようになっ
  た。

　事実、テストの点数も上がります。私は基本漢字の宿題を出していま
せんが、毎週行っている漢字の小テストでは、平均点は 97 点ほどです。

✧ 「自己調整学習」で、集団全体も変わる！

　子どもたちが、一人ひとりの違いをフラットに受け止められるように
なると、自然と教え合ったり学び合ったりする姿が見られるようになり

ます。それが循環することで、男女間の溝もなくなり、お互い尊重し合える空気が自然とつくられていきます。

- **得意なことは教え、わからないことは恥ずかしがらずに聞けるようになった。**
- **たとえ結果が届かなくても、その子の努力や成長を肯定的に受け止められるようになった。**

　運動会で全員リレーをしました。ここでも、自己調整学習の考え方を使いました。順位は決めない。自分の最高記録を更新する。みんな、そんな気持ちで臨みました。

　とはいえ、勝負は勝負。どうしても順位は気になるでしょう。勝ちたい気持ちはあったでしょうし、負けたら悔しいはずです。

　……そして、結果発表。私が1組から順に、これまでのベスト記録と今回の記録を読み上げていきました。1組は、順位でいうと最下位。しかし、ベストタイムを更新していました。

　「1組、○秒」

　そう言うと、1組の子たちは本当にうれしそうに、歓声を上げました。それだけではありません。共に戦った、ライバルであるはずの2組や3組の子も、歓声とともに大きな拍手で、1組の努力と記録の更新を喜び合う姿が見られたのです。

　順位を高くすることが目的になってしまったら、一番効率のよい方法は「相手が失敗してくれること」です。それは寂しい考え方ですよね。誰も成長できなくなってしまいます。

　みんなが仲間の成長を信じ、尊重し、喜び合う。そんなクラスに、少しずつ近づいていくことができるのです。

POINT

☑ 自己調整学習は、成長実感を得られる学習方法
☑ 子どもが一人ひとりの違いを受け止められるように

5

自己調整学習を体験した
子どもたちの感想

✧ 一番の評価者は、子どもたち！

　自分の教育実践を内省する際、大きな判断材料にしているのは「子どもたちの姿」です。それは単に、子どもたちが楽しんでいるとか、テストの点数がよかったといった表面的なことではなく、**本質的な学びにつながっているかを見取りたい**と思っています。

　大切にすべきは上司でも同僚でも保護者でもなく、学習者自身の声。

　一部では不十分だと考え、ここではなるべく多くの子どもたちの感想を、原文のまま掲載したいと思います。学年での取り組みということもあり、ほかの学級の児童も感想を書いてくれました！

・自分のペースで学習を進められるのでとてもうれしいです。

・一人で学習を進められたり、友だちと教え合ったりできるから、勉強がはかどる。自分だけのめあてを立てることができて、頑張ろうって気持ちになれる。

・友だちがたくさん教えてくれました！　先生の教え方もわかりやすかったです！　家でも少し復習するようになりました！　めあて・振り返りをすると、苦手なところを見つけられたり、自分はここが得意だなって発見ができます！

・普通の授業とは違って、一人で学ぶ力がつくからよいと思った。

- 自分に合わせてめあてを立てられるからいい。これまでは、先生の話が長くて退屈だった時があったけど、今みたいな感じだと自分でめあてを決められるからいい。

- 今までの学習では「なぜ間違えたか」を知る機会がなかったが、この学習方法ではなぜ間違えたかがわかり、その失敗をくり返さずに済む。

- 自分の限界を知っているのは自分だけだからやりやすい。

- それぞれ伸びることがあると思います。なぜなら、塾に行ってる子も、塾に行ってない子も、それぞれ同じ時間だけど、違うところからスタートできるからです。

- アドバイスを教えてくれるし、目標のレベルがどんどん上がっていくのが楽しい！　振り返りで、どこがダメだったか、次に生かすなど分析する力が身についた。

- 自習の前に蓑手先生がわかりやすく解説してくれるから自習がわかる。

- めあてがあるから、それを達成しようとして集中できる。一人でやる時間がたくさんあって、友だちに教えることもできて自分の学びにもなると思う。

- 振り返りをすることによって、自分に足りていないことがわかり、自分に足りていないことを克服するためのめあてを立てて学習に取り組めるからいいと思った。

- このやり方になってから、結構なんでも自分で考えるようになった。

- 普通の学習方法は、45分間先生の話を聞いてるだけで、もうわかっていることも多く時間が無駄になっている気がした。しかし、この学習法は自分で好きなところまで進められるから、時間が無駄にならず、成長につながる。

- これまではずっと先生の話を聞いていたけど、今は先生の話が少しで、自分たちで話し合いながら学習をしていって、自分たちでめあてを決めてやっていくうちにみんなとの仲も深まるし、一緒に達成していくと楽しい。

- めあてと振り返りをスクールタクトに書き込むことで、ほかの人のめあてと振り返りも見られたり、いいめあて、いい振り返りだなと思ったものをまねしたり、参考にしたりできるので、よりよいめあてや振り返りを書けるようになった。

- ほぼ先生がしゃべっている授業だと、自分の苦手なことをしっかり勉強することは難しいけど、今の授業なら自分の苦手な部分をしっかり勉強できるし、振り返りで文章を書く力を上げることができるのですごくよいと思います。まさに一石二鳥ですね！

- 今までめあては自分で立てていたけど、振り返りがあまり書けていませんでした。ですが、今では振り返りをして、どんな問題が苦手で、どんな問題が得意かを分析することにより、次はどこをやるかを決めて、自分の苦手が克服できることがわかりました。

- 今までは先生に「ここをやってみて」と言われて、わからない問題の何がわからないかがわからなかったけど、振り返りなどを書くことで苦手な問題を克服できました。

✧ 子どもたちの学習方法は画一的になっている

「普通の」という言葉が多く出てきますよね。それだけ子どもたちを取り巻く学習方法は画一的なのでしょう。その学習方法にマッチする子には問題はないのかもしれません。

しかし、マッチしなかった子たちは「仕方ない……」とあきらめざるを得ない環境なのかもしれません。

学習者が、自分の選択した学習方法の効果に自覚的であるということが最も重要で、力のつく方法だと信じています。

今回の感想を見ていると、軽重こそあるものの、みんな一様に自分の力の高まりや効果を感じられているようです。

また、子どもたちの多くが、「自分の学びを自分で選びたい」と思っていることを改めて感じました。同時に、このような多くの前向きな感想は、きっと自己調整学習を経験したからこそ生まれたものだと思います。画一的な学習しか経験していなければ、当然それは「当たり前」になるわけで、子どもが「学びとは苦行」と捉えてしまうのも無理はないことだと思います。

学びが楽しいのは大前提で、その上で「どうやったら楽しくできるか」を子どもたちの声を聞きながら、一緒につくり上げていきたいものです。

子どもたちの学習する姿をよく観察する！

POINT

☑ 子どもたちの姿や声を元に教師自身が自己評価する
☑ 本質的な学びにつながっているかを見取る

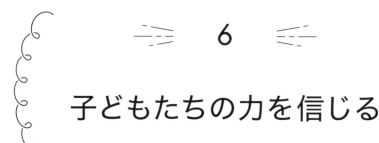

6

子どもたちの力を信じる

✧ 子どもたちには難しいから無理?

　学校現場にいると、たびたび次のような言葉を耳にします。

　「子どもたちには難しすぎるから無理」「そんなことをしては子どもたちが遊んでしまう」「どうやったら、やらせることができるのか」。

　この言葉の背景には「子どもたちはできないことだらけで、大人が教えてやらなければならない」という考えが、教師にも保護者にもあるからではないかと感じます。

　また、「この子たちにはまだ早い」「今、教えても仕方ない」という言葉もよく言われます。本当に子どもたちはできないことだらけなのでしょうか?　子どもたちにとって最適なタイミングとは一体いつなのでしょうか?

✧ 子どもたちが失敗する権利

　今日の子どもを取り巻く環境を見てみると、「失敗させないこと＝優しさ」と捉えているように感じられることが多くあります。失敗すると子どもが傷つく、自己肯定感が下がる、かわいそうだ。そんなことを前提に置いているように感じるのです。本当にそうでしょうか?

　「失敗」とは、子どもたちから注意深く取り除いてやるべきものなのでしょうか?

　「失敗」から得られる学びの重要さは、従来から言われてきたはずです。「教室は間違うところだ」「失敗は成功の元」という言葉もあります。頭

ではわかっているはずなのに、実際の学校現場ではなかなか踏み切れない現状。子どもが不登校になったらどうしよう、学級崩壊してしまうのではないか、保護者からクレームがくるかもしれない……。

　そんな恐れが、教育の場において、子どもたちから「失敗する権利」を奪ってしまっているのかもしれません。

✧ 子どもたちの力を信じる

　今の子たちは、失敗を恐れる子が増えたように感じます。失敗は悪いことと捉えているのです。それはもしかすると、子どもの失敗を恐れる大人のマインドが影響したり、子ども自身の失敗経験が少なくなっていたりすることが原因かもしれません。私はよく「子どもたちの力を信じる」という言葉を使います。これは、子どもたちが失敗しないという意味ではなく、失敗しても受け止め、成長できるという意味を含んでいます。

むしろ、失敗するからこそ多くの学びが生まれるはずです。

　子どもたちが安心・安全な環境で大いに失敗できる、そしてその失敗から学び、自分を成長させる糧にできるような場を用意したいという思いで授業をつくっています。そういった場を用意できるのが、自己調整学習の強みでもあります。

失敗するからこそ学びが生まれる！

POINT
☑ 大人が、子どもの失敗を恐れているのでは？
☑ 安心・安全な環境で大いに失敗できる学びの場を

失敗は成長のチャンス

爽やかで、いつも余裕があって、冗談ばかり言っている。普段はそんな蓑手先生ですが、本当は誰よりも熱く、人思いな先生です。結果なんてどうでもいい、全力を出したか、昨日より成長したか、それだけが大事。

私は教員として自信がなく、トラブルが起きると、「私が担任だからかな」「周りはどう思うかな」と気にしてばかり。

しかし、蓑手先生と出会って、自分が大きく変わりました。

今でも忘れないのは、クラスでトラブルが起きた時、恐る恐る学年主任である蓑手先生に報告すると、「いいですねぇ」と笑顔で喜んでくれたのです。

「え?! 喧嘩が起きたんですよ! クレームきたんですよ!」と思っていたので、目から鱗の反応でした。その後も、失敗やトラブルを報告するたびに、「いいですねぇ」「成長のチャンスですねぇ」と。「僕だったら……」とアドバイスはくれるけれど、決して押しつけない。

「思うとおりにやってみたらいいですよ」。そう言って、どんな時でも否定せず、尊重してくれるのです。私は、失敗やトラブルが怖くなくなり、前向きに挑戦できるようになりました。

子どもたちも同じです。たとえ失敗しても、それが全力で考えて行動した結果なら、絶対に否定しません。常識とか周りの目とかどうでもいい。子どもを一番に考えるのです。

だから、子どもたちはのびのびしていて、いろいろなことに挑戦できるのだと思います。「昨日より成長した?」「全力出した?」と子ども同士で聞き合う姿もよく見られます。

その他にも心に刺さる言葉がたくさん。保護者の話では、蓑手語録をノートにまとめているご家族もあるとか。

子どもだけでなく、保護者や同僚までも成長させてくれる蓑手先生なのです。

（小金井市立前原小学校　佐藤祥子）

第1章

まずは「学び観」を
アップデートしよう!

1
子どもは教師に
合わせている？

✧ 初任校での６年間にやりがいを感じていた

　私が「自己調整学習」について考え始めたきっかけは、特別支援学校への異動です。

　それまで私は調布市にある小学校の通常級で教師として、６年間勤めました。その間、素敵な上司や同僚、地域や保護者、子どもたちに恵まれながら、さまざまな挑戦をさせてもらいました。専門は国語。

　研究会でも学び、休日にはセミナーにも積極的に参加していました。一斉授業の腕を磨くことにやりがいを感じ、自信ももち始めた頃です。

✧ 異動初日に、鼻をへし折られる

　そして７年目。初めての異動です。予期せずして、異動先に決まったのが特別支援学校でした。特別支援学級に異動する教員はわりといますが、特別支援学校に異動する教員はほとんどいないと思います。

　驚きこそしましたが、当時の自分は自信がありました。言い換えるなら、天狗になっていたと思います。自分ならなんとかなるだろう、と。そんな鼻っ柱がへし折られるのに、そう長くはかかりませんでした。

　始業式。クラスの前で自己紹介するも、反応なし。まぁそんなこともあると気を取り直して、「始業式なので、体育館に行きましょう！」と子どもたちに声をかけました。その直後、思いもかけない返事がありました。「やだ、行かない」。まさか断られるとは思っていなかったので、面をくらいました。体育館はいやだから行かない。そんな選択肢がある

なんて考えてもいませんでした。自分の甘さを感じ、その場では無理矢理連れていくしかできませんでした。

✧ 特別支援学校で気づかされたこと

それからも衝撃的な日々は続きました。課題を準備しても、子どもたちは取り組もうとしません。プリントは破るし、暴れて出ていってしまうし、目を離すと物を壊す子もいました。

この時思い知ったのは、私は「6歳以上の教育しか知らない」ということでした。私が受け持った子どもたちは、発達年齢でいうと3歳前後であり、当時の私にはまったくといっていいほどノウハウがなかったのです。

それからというもの、障害児教育はもちろん、乳幼児心理学や人間発達科学など、これまでまったく学んだことのなかった分野に手を伸ばして学ぶようになりました。

私が前任校の6年間で当たり前のようにやってきた指導は、実は子どもたちが合わせてくれていたからこそできていたことで、つらい思いをしていた子もいたのではないかということに気づかされました。異動を機に、学びについて根本的に考え始めるようになりました。

実は子どもたちが教師に合わせてくれているのかも

POINT

☑ 子どもたちは、教師に合わせてくれている
☑ 6歳以前の教育について、どれだけ知っているか

2
すべての子が楽しく
学べる空間を

✧ 系統的に学ぶのはなんのため？

　ある日、子どもが泣きながら九九をやっている姿を見ました。もう何年も、九九をやっていても覚えられないのです。その時ふと「この子が九九を覚えることは必要なんだろうか」と思ってしまいました。

　この子はおそらく、この先も受験などで通常級の子どもたちと競うのは難しい。一方で、生活するなら九九を覚えていなくても、電卓などを使えば問題ない。だとしたら、何のために九九を学んでいるのだろう？

✧ 「好き」のもつ力は無限大

　ほかのクラスで、普段プリントには一切取り組まない子が、集中して課題に取り組んでいるところを目にしました。

　驚いて担当の先生に聞くと、「この子はこれが好きだからやるんだよ。人には誰しも、好きなことがある。それを生かして教材をつくるんだ」と教えてくれました。

　私が受け持っていた重度の知的障害のある子は、言葉の理解や模倣することも難しく、どうしたものかと迷っていたら、その先生が教えてくれました。

　「人は、ボタンがあったら押したくなる。はがれそうなものがあったらはがしたくなる。ボールと筒があったら入れたくなる」というのです。「指示も発問もいらない。教材が、問いを発するんだよ」と教わりました。目から鱗が落ちるような教えでした。

駅が好きな子はカタカナより先に漢字を覚え、iPad を渡せば進んで学習に取り組みます。改めて、「好き」のもつ力を思い知らされました。

✧ 忘れられない光景

特別支援学校での経験も 4 年目に差しかかったある日。保護者の方と面談がありました。「どうぞ」と着席を促したのですが、一向に座る気配がありません。ふと顔を上げると、起立したまま深々と頭を下げるお父さんの姿がそこにはありました。

「私は、もうこの子は成長しないんだとあきらめていました。でも、先生のお陰でこの子の可能性に気づかせてもらいました。子どもが成長するというのは、こんなにもうれしいものなのですね。ありがとうございます」

私はこの時の光景を今でも忘れられません。今も書いていて鳥肌が立つほどです。一人の子どもの成長が、周りの人を幸せにする。改めて、人のもつ可能性を感じた瞬間でした。

こうした特別支援学校での経験が、これから述べる私の教育観の土台にあります。**すべての子がのびのびと楽しく学べる空間をつくりたい。**そう思って 11 年目の春に再び、通常学級に戻る決心をしたのです。

すべての子が楽しく学べる空間をつくる！

POINT

☑ 障害のある子どもたちが、学びや人生の意味を教えてくれた
☑ 「好き」の力、成長がもたらす希望は大きい

3

そもそも、なぜ子どもは
学びを嫌いになるのか

✧ 学校というブラックボックス

　前章で、学びは本来楽しいものだと述べました。しかし、子どもたちはなかなかそうは思えていないのが現状です。

　日本全国どこの小学校を見ても、入学時には「勉強が楽しみ！」「どんな素敵なお兄さん・お姉さんになれるんだろう？」と期待をもって入ってくる子どもたちが、6年後にはほぼ全員が「もう勉強したくない……」「楽して生きていきたい……」と言いながら卒業していきます。

　このブラックボックスとしての小学校って、ちょっとまずいんじゃないかなぁと思うのです。中で何が起こっているかよくわからないまま、出口ではみんなが学びを嫌いになっている。そんなブラックボックス……。

　なぜ子どもたちは学びを嫌いになってしまうのでしょう。

✧ 子どもたちが学びを嫌いになる理由

　このような課題意識をもちながら学校の現場に14年立ってきて、学びが嫌いになる理由についていくつか思い当たるところがあります。

　たとえば、**あらかじめやることが決められていること**。学習内容はもとより学び方、ペース、まとめ方、発表の仕方に至るまで事細かに決められていると、楽しくなくなってしまいます。自己表現する場がなく、やることをただこなすだけになってしまうのです。

　また、**他者と比べられること**。同年齢で集められて、この学年ならこれくらいできるはずとされ、できないと劣等生のレッテルを貼られる。

ほかにも、**自分が成長している実感が得られにくいこと。**毎日新しいことに取り組まされ、自動的に課題レベルが上がっていくので、なかなか自分の成長や上達を感じることができません。また、数値化される要素が少ないのも、成長を実感しにくい要因の一つだと思います。

✧ 「学び観」をアップデートする

　きっとほかにもあるでしょう。これらの仮説が正しいかどうかもわかりません。

　ただ、現状で子どもたちが一律に学びを嫌いになっているなら、本書の実践に取り組んでみるだけの価値はあると思います。私たち大人もまた、今と同じような学びをさせられてきて、学びを嫌いになってしまっています。**大人もまた、子どもたちと一緒に「学び観」をアップデートしなければいけないのだと思います。**

　私が行っている方法も、本当にエビデンスがあるのかと言われると正確にはわからないというのが正直なところです。それでも、土日や連休にも嬉々として学ぶ子どもの姿を見ていると、試してみる価値はあると思います。これからその実践についてくわしく紹介します。

子どもが学びが嫌いになる理由を考えよう

POINT

☑ 学びを嫌いになる要因を突き止めよう
☑ 大人も子どもも、共に学んで成長しよう

4

学びが楽しくなる工夫①
子ども自身が
やることを決める

✧ 嫌いの原因を取り去ってみよう

　前項で、子どもが学びを嫌いになる理由について考察してみました。逆に言えば、これらをなくせば学びが楽しくなるはず！

　一つずつ考えていきましょう。

✧ すべて大人に決められている？

　まずは、やらなければいけないことを決めない。言い換えるなら、**子どもたちの選択肢を増やし、「自分で選んだ！」という実感をもたせることです。**

　学校は、大人があらかじめ決めていることがあまりにも多いと感じます。朝、学校に来る時間も、登校経路も、下駄箱の場所も、教室も、すべて決められています。

　学びに関してだけでも、学習内容から始まり、机の配置、姿勢、時間、進め方、教材教具、授業者、学習について相談していい相手まですべて決められています。これが当たり前って、いざ考え直してみると、ちょっと異常な気もします。

　下駄箱やロッカー、机の場所は毎日違う場所でもいいし、教材教具や進め方、取り組む課題は自分にとってやりやすいものでいいのではないでしょうか。現に私の学級ではそのようにしていますし、算数の授業では学年の4人の先生の中から、子どもが誰に教えてもらうかも、自分で選べるようにしています。

✧ 「大人が決める」のはなんのため？

なぜ大人が決めてしまうのでしょう。一言で言えば「大人が管理しやすいから」に尽きるのではないかと思っています。確かに、1クラス40人の子どもを一人の教師が管理しなければならないことを考えると、このような方法が適切だと感じてしまうかもしれません。

また、「協調性を身につけさせる」という理由もあるかもしれません。全体の動きに合わせる力や今何をすべきかを周りを見て判断したり、周囲に迷惑をかけていないかを認知したりする力ももちろん大切です。

一方で、考えなければならないのは、「これを続けていれば協調性がつくのか？」「そのために失っているものはないか？」「ほかの方法で協調性を育てるほうが効果的なのではないか？」ということです。

✧ 変えられることと変えられないことを整理する

学習内容や時間数など、教師の一存では変えられないものもあると思います。一方で、机の配置や教材教具、学習の相談相手を工夫することはできそうですよね。

無理のない範囲で、**子どもが決められること、選べることを少しずつ見つけて、子どもの選択肢を増やしていきます。**

決まっていたことを変えることは、手間が増えたり軋轢が生じたりするかもしれません。しかし、その代償に子どもの学習意欲が削がれているのだとしたら、大きな問題ではないかと思うのです。

学校の「当たり前」に縛られず、柔軟に考えてみたいですよね。

POINT

☑ 「子どもが決められること」を洗い出してみよう
☑ 子どもたちの学習意欲が代償になっていないかを考える

5

学びが楽しくなる工夫②
ほかの人と比べない

✧ 何かと比べてしまいがち

　学校は、とかく誰かと比べてしまいがちです。あの子は学習できる、この子は学習できない。あの子は自分で考えて動ける子で、この子はいつも受け身の子だ。とくに評価に関しては、相対評価から絶対評価に移行したとはいえ、いまだに比べることが根底にあります。

　そもそも学校に限らず、人は何かと比べないと評価できないものなのではないかと思っています。知識も技術も能力も、身長や優しさというものに至るまで、何かと比べることで判断しているように思います。

　それでは何と比べるのか。一つは他者と比べる方法。

　そしてもう一つは、一定の基準と比べる方法です。とはいえ、基準をつくるには結局は他者の総体が必要になってきます。スポーツの歴代記録のように、一度基準がつくり上げられれば、その時点での他者の努力や成果によって変動しません。

　ここでいうのは他者と比べることです。

✧ 評価と「比べる」の関係

　誰かと比べられるというのは、大人にとってもストレスですよね。自分より「優れている」人を引き合いに出され、自分がどれだけ劣っているかについて自覚させられる。できない自分と出会うのは、結構こたえる経験です。

　では、評価しなければよいのではないか。確かにそういう考え方もあ

ります。しかし、一方で、評価を知りたくなるのもまた人です。

　趣味の大会に出場したり、好きなスポーツで真剣勝負したりする根源は、自分がどれだけできるのかを試したい、評価にさらされたいと思う気持ちがあるからではないでしょうか。

　また、保護者の立場になれば、子どもの長所や短所を知りたいと思う気持ちは自然なものです。

◇ 多様な評価軸を設ける

　そもそも学校において、比べないという選択は難しいことが多いのです。それでも、比べなくていいことまで比べていたり、子どもに「比べられている」と感じさせてしまっていたりすることもあるのではないでしょうか。

　また、「比べられても気にならない」状態もあります。スポーツをやっていたとして、プロと比べられてもストレスにはなりません。計算能力で電卓に負けてもとくに傷つきません。

　比べられることがストレスになるのは、同年齢であったり、自分に近い属性であったり、同じ条件下で練習や努力をしたりしたという事実が、関係していそうです。

　そう考えると、工夫の余地が見えてきます。

　同じテストで点を競わせない。テストを受ける時間をずらす。画一的な宿題を出さない。学習集団を異年齢で構成する。多様な学習方法や表現を許容する。比べられても気にならない、むしろ比べようがないくらい**多様な評価軸を設けることが必要**なのではないでしょうか。

POINT

- ☑ 評価したいから、比べてしまう
- ☑ 「比べられても気にならない」環境をつくる

6

学びが楽しくなる工夫③
成長の実感をつかむ

✧ 人が最も成長する環境はストレッチゾーン

　特別支援学校や、大学院で学習心理学について学ぶ中で、私がとくに意識して実践に落とし込むようになった考え方が「ストレッチゾーン」です。自分がパニックにならない程度にチャレンジングな緊張感にさらされている場が「ストレッチゾーン」です。

　いつまでも安心していられる「コンフォートゾーン」にいては新しい学びはなかなかないし、かといってあまりにも挑戦しすぎると「パニックゾーン」に入ってしまい、結局学ぶ余裕はなくなってしまいます。

　勇気を出して、「ストレッチゾーン」に身を置いてみる。そこに大きな学びがあると思っています。

　階段でたとえると、平行移動ばかりせず、かといって一段飛ばしもしない。確実に、次の一段に足を伸ばす。その繰り返しが、より高くて気持ちのよい風景を見られる道だと思うのです。

　ゆくゆくは、自分の次の一段を自分でつくれるようになる。それこそ、自己調整学習が目指しているところでもあります。

✧ 階段が自動生成されていく

　学びが嫌いになる理由。それは、学びと成長がうまく結びついていないことが大きな原因なのかもしれません。成長していないことなんてない。どんな環境であろうと、子どもは着実に成長するものだと思います。ただ、学校はそれが実感しにくい場所なのかもしれません。

というのも、学校から日々出される課題は、毎日淡々と難易度を増していきます。言うなれば、毎授業ごとに階段が自動生成され、一律に上がることが当たり前だと思われる環境になっています。これではなかなか成長が実感できないのも無理はありません。

　そして、その一律に自動生成されていく階段こそが「発達段階」と呼ばれるものです。

✧ 発達段階という考え方にとらわれない

　私たち教師は、子どものことを知りたいと願います。受け持った子どもたちが現時点で何ができて、これからどんな力をつけてあげるべきか。その指標となるのが「発達段階」です。

　しかし、ともするとこの発達段階という考え方が、子どもたちにレッテルを貼り、本当の姿を見えづらくしてしまっているのかもしれません。

　「この学年ならこれくらいできるはず」「これはまだ早い、できるわけがない」「順番どおりに習得していくべき」といった呪縛にとらわれてしまうことがあります。

　本来、子どもたちの発達は個人差があって当然です。

　発達段階はあくまで平均値であり、参考にする上でとても有益なものではありますが、目の前の子どもを無理矢理当てはめるためのものではないのです。

　発達段階にとらわれることなく、すべての子どもたちが今の自分に必要な学びにアクセスできる。だからこそ成長が実感でき、次へのモチベーションにつながるのです。

POINT
- ☑ 学びの階段を自分でつくる
- ☑ 発達段階とは、あくまで平均を示したもの

► COLUMN ◄

蓑手学級とデンマーク・オランダの
子どもたちの共通点

　初めて蓑手先生の授業を見学した時の光景は衝撃でした。子どもたちは教室の壁に向けて自由に机を並べ、まるでカフェスペースのようでした。

　ヘッドホンで音楽を聴きながら問題を解く子、ダンボールの個室にこもる子などが目に飛び込んできます。蓑手先生に意図を尋ねても、「本人がそうしたいと言うので……」と答えるだけでした。

　第1章で蓑手先生は、子どもたちが学びを嫌いになる要因の一つに、「大人が何でも決めてしまうこと」を挙げています。つまり、私が見た光景は、「子どもが決められること」を拡張した教室の姿だったのです。

　ほかにも「ほかの人と比べられる」ことや「学びが成長実感とつながらない」ことを要因として挙げています。蓑手学級といえばICT活用ですが、これも本質的にはこれらの要因を排除するための環境づくりなのだと考えられるでしょう。

　昨年末、私はデンマークとオランダの学校を視察しました。子どもの幸福度が高い国の教育に興味があったからです。そこで驚いたのは、蓑手先生の教室で見たのと同じような光景に何度も出会ったことでした。

　よく考えてみると、両者には共通点があります。視察した国の学校は、入学時期も家庭それぞれですし、その国の言葉が話せない移民や難民も入学してくるため、そもそも発達や学習進度は一人ひとり異なることが大前提です。

　同様に、蓑手先生も特別支援学校での経験から、子どもたちの発達には個人差があることを前提に、一人ひとりの学びが成長実感につながる工夫を続けています。結果として同じような授業スタイルに辿り着いたと考えるべきでしょう。

　机が整然と並び、子どもが静かに授業を受けている光景は一見よさそうですが、失ってしまっているものもあるのではないでしょうか?

　デンマーク・オランダや蓑手学級の子どもたちが自分のめあてを決めて、リズムよく学びに取り組む姿を見ると、そう思わずにはいられませんでした。

（公益財団法人ベネッセこども基金　青木智宏）

第2章

さっそく
「自由進度学習」を
やってみよう!

1
子どものよさを引き出す ことこそ教育

✧ 種にすべてが込められている

　第1章では、学びを嫌いになってしまう子どもたちについて書きました。私はいろいろなところで、自分のテーマを「学びの楽しさを取り戻す」という表現をしています。

　学びを「楽しくする」のではなく、「取り戻す」という表現にこだわりをもっています。

　序章でも述べましたが、人間は本来「学ぶ楽しさ」をDNAに搭載して生まれてくると信じています。人は言うなれば、植物の種のようなもの。植物の種は、その状態で二つに切り分けても、中からは胚や胚乳しか出てきません。

　しかし、生長していく過程で、根や茎、葉、花、実をつけていきます。これらはすべて、外界からもたらされるものではなく、あらかじめ種に込められてこの世界に送り出されているのです。

✧ 生長を願って準備したはずが……

　一方で、植物は種単体では育ちません。空気や土、養分や日光があってはじめて、種に込められた「可能性」が花開くのです。

　そう考えると、教育というのはこれらの生育環境に近いものなのかもしれません。種の潜在的な能力を引き出すために、土壌や空気を整え、日光を注いで環境を用意する。そんな心持ちが大事なのだと思っています。

　植物にとっては砂や石だけでなく、農薬や人工肥料も時として生長の

阻害要因になることがあります。植物の生長を願って準備したものが、種類によっては逆効果になることもあるのです。子どもを教育する我々も、同じようなことを起こさないように注意する必要があります。

　タンポポはタンポポらしく、バラはバラらしく、ヒマワリはヒマワリらしくなるようにあらかじめ種に込められているのです。タンポポやヒマワリを無理矢理バラにしようとすると、せっかくの美しさが阻害されてしまいます。

✧ 全員「チューリップらしく」育てられている？

　同年齢で、同じ地域から集められたクラスの子たちですら、タンポポのような子もいれば、バラのような子もヒマワリのような子もいます。

　しかしながら、それぞれのよさを引き出すような環境を用意できているかというと、実際はなかなか難しいのではないでしょうか。ほぼ平均のところに合わさざるを得ず、タンポポもバラもヒマワリも、チューリップらしく育てられてしまっているのかもしれません。

それぞれのよさを引き出すにはどうしたらいいのでしょうか。

　その方法を、次のページから紹介していきます。

それぞれのよさを引き出そう！

POINT
- ☑ 子どもたちは個性と可能性をもって生まれてくる
- ☑ それぞれのよさを引き出すことこそ教育

2
自由進度学習①
進度を自由にする
メリット

✧ 自由進度学習とは？

　「自由進度学習」という言葉を聞いたことはありますか。

　自由進度学習とは、その名のとおり、**授業の進度を、学習者が自分で自由に決められる自己調整学習の一つの手法です。**

　たとえば、算数を例にとって説明してみます。10時間で計画された単元があったとしましょう。

　一般的な授業では、1時間ごとに進度が決まっていて、目標も設定されています。10時間授業を受けるとその単元の学習が終わり、テストとなるわけです。

　一方の自由進度学習はというと、教科書をベースに自分でどんどん問題を解いていきます。速い子は、1時間目で6時間分くらい進んでしまいます。逆に理解がゆっくりな子は、6時間かけて、3時間分の内容をわかるまで繰り返し学習することができます。

✧ 「自由進度学習」はどんなところがよいか

　一般的な授業はペースが決まっているので、理解のゆっくりな子がわかっていようとわかってなかろうと、どんどん進んでいってしまいます。定着させるために必要な時間は宿題などに回され、学び直しの時間は保障されていません。

　一方、理解の早い子やすでに知っている子たちも、勝手に先に進むことは許されません。たとえ完全に理解できていても、静かに椅子に座っ

て先生の話を聞いていなければなりません。

　理解の早い子やすでに知っている子たちは、どんな気持ちで授業に臨んでいるのでしょう。わかっていることを細かに説明され、早々と手を挙げ答えようものならいやがられる。自由にできることと言えば、ふざけて妨害するくらいでしょうか。

　もしかすると、学習はできるけど態度が悪いという子は、このような授業形態が原因かもしれません。

　自由進度学習であれば、自分のレベルでどんどん学習を進められるので、常に刺激的な課題と向き合えます。できなかったことができるようになることで、成長実感も味わえます。

✧ 「自由進度学習」で気をつけること

　自由進度学習をする上で気をつけなければならないことは、一人でなかなか進められない子をどうフォローするかです。

　教師が一人の子に貼りついてしまっては、ほかの子が置いてけぼりになりかねません。教師は絶えず机間指導して回りましょう。

　また、子どもたち同士が教え合い、学び合える環境設計も重要です。

自由進度学習は自分で進めるペースを決められる！

POINT
☑ 授業の進度を、子どもに決めさせてあげよう
☑ 授業嫌いな子の理由は、理解の早さかもしれない

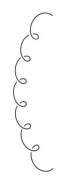

3

自由進度学習②
1時間の流れ

✧ 授業進度の決められ方

　ここでは、蓑手流・自由進度学習の具体的な進め方について、6年算数「図形の対称」を例に紹介します。

　学校の授業時数は学年によって「年間○時間やらなければいけない」と学校教育法で定められています。教科書は、この標準授業時数を基に、同法で定められた「この学年ではこの内容を扱う」という学習指導要領の項目を割り振っています。

　「図形の対称」という単元には全12時間が割り振られ、1時間目は図形のグループ分け、2時間目は線対称についてと明記されています。

✧ ミニレッスンを聞き、めあてを立てる

　一般的な授業は、教科書のガイドに沿って1時間ごとに進められていきます。理解の早い子もそれ以上先へは進めないし、理解のゆっくりな子も理解できないままに次の時間には次のページに進んでしまいます。

　「これって、たまたま進度がぴったり合った子以外は嫌いになっちゃう構造だよなー」と思っていた時に出会ったのが、自由進度学習でした。

　私の授業では、授業冒頭、一般的には45分かけて行われるその時間の指導内容を、ぎゅぎゅっと10分程度にまとめて一気にミニレッスンします。

　発問したり、子どもとの掛け合いはありますが、基本的には演算練習の時間やノートを書く時間はとりません。

その後、それぞれの子が自分のめあてを記入します。たった今ミニレッスンでやった内容をめあてにする子がいれば、前の時間にやったことをもう一度めあてにする子、まだ授業ではやっていない内容のところをめあてにする子もいます。

私の教室では、小学校2年生相当の内容をめあてにしている子から、中学校の内容をめあてにしている子まで、幅広く共に学んでいます。

✧ 自分に合った方法で進め、振り返りをする

そして、めあてを立てられた子から、どんどん課題を進めていきます。一人でやる子、友だちと学び合う子、先生に質問する子。教科書やドリル、プリント、パソコン等を使いながら、自分に合った方法で進めていきます。

残り10分になったら「きりのいいところで丸付けをして、振り返りを書こうね」と声をかけます。最初から終わったらすぐに丸付けをすることが習慣になっている子はあまり多くありません。毎回声をかけることで、振り返りをする習慣をつくることが大切です。

それぞれに合った学習の時間をたっぷり確保できる！

POINT
- ☑ 授業冒頭にミニレッスンをする
- ☑ めあて→それぞれに合った学び→振り返り

4

自由進度学習③
めあての立て方

✧ 余裕で達成できるめあてを立ててしまう理由

　子どもたちが自分でめあてを立てた時、最もよくあるのが「余裕で達成できる」めあてを立ててしまうこと。では、なぜ「余裕で達成できる」めあてを立ててしまうのでしょう。

　それぞれに理由はあると思います。それでも多くの子を見ていると「達成できない自分と出会いたくない」んだなぁと感じるのです。それまでの学習は、誰かが設定した課題に取り組み、達成したらほめられ、達成できなかったら叱られるものだったのではないでしょうか。

✧ めあてを達成することが学習の目的ではない！

　余裕でできるめあてを立てるばかりでは、なかなか成長にはつながりません。自分が快適でいられるゾーン（心理学ではコンフォートゾーンと呼ばれています）から一歩進んで挑戦したり、自分の全力を出し切ったりする中で、自分の力が客観的に理解できるものだと考えられます。ヴィゴツキーというロシアの著名な心理学者も「発達の最近接領域」という言葉で、**自分の力の一歩先に挑戦し続けることで人は発達していく**という理論を説明しています。

　子どもたちには、「めあてを達成することが学習の目的じゃないよ」といつも話しています。なぜなら、「１ケタの足し算を３問やる」というめあてを設定してしまえば、ほぼ全員が間違いなく達成できますよね。

　しかし、その学習を続けても成長できるとは思えません。

学習の目的は、自分を成長させること。めあては、そのための手段に過ぎません。そのような例を出せば、子どもたちにも伝わるようで、徐々に自分の全力を出せるようなめあてを立てられるようになっていきます。

✧ ぎりぎり達成できないめあてを立てよう

　子どもたちには「ぎりぎり達成できないめあてを立てようね」と話しています。ぎりぎりだからこそ、全力を出そうと思えるのです。

　振り返りで「ぎりぎり達成できませんでした」という子には「お、ぎりぎりのよいめあてが立てられたんだね！」と賞賛し、「100点だった！」という子には「惜しかったね、次はもうちょっと高いめあてを立ててみよう」と声をかけます。

　子どもは最初は不思議な顔をしますが（笑）、回を重ねるごとに「ぎりぎりのめあて」を立てられるようになっていきます。ぎりぎりは、やってみないとわからないんですよね。

　慣れてくると「よっしゃぁ、ぎりぎりのめあてだった」「自分が思っていたよりもできた！」など、全力を出せたのであろう姿が見られるようになってきます。

ぎりぎりのめあてが子どもの全力を引き出す！

POINT

- ☑ めあてを立てることが学習の目的ではない
- ☑ ぎりぎり達成できないめあてで、全力を引き出そう

5

自由進度学習④
めあてを公開する

✧ めあてを宣言する効能

　私たち大人も、めあてを立てたら周囲に宣言したり、絵馬や短冊にしたためたり、SNSに書き込んだりしますよね。高校球児であれば、「甲子園出場！」と墨で書いて部屋に貼るかもしれません。なぜでしょうか。

　宣言をすることで、自分に気合いを入れるという人もいるでしょう。神様に誓いを立てることで、運を呼び込めるという効能を期待する人もいるかもしれません。言葉にすることで力がみなぎるという人も多いのではないでしょうか。

　あるいは周りの人たちに「自分はこんなことを頑張ろうと思っているんだ」と知ってほしい、認めてほしいという願いがある可能性もあります。理由はそれぞれでよいと思います。

　大切なのは、目標を宣言することで努力できるという事実です。

✧ スクールタクト上にめあてを書き込む

　本校は次世代ICT実践推進校として、学年の児童に一人1台クロムブックというノートパソコンのようなものが配備されています。そこで活用しているのが「スクールタクト」というWeb授業支援システムです。

　学級版のSNSのようなもので、それぞれのページが人数分に分割されて、リアルタイムで映し出されます。子どもたちはお互いのページを見合って「いいね」をしたり、コメントを付けたりできる優れものです。

　私は、このスクールタクトを活用して自由進度学習を行っています。

ページを半分に分け、上段にめあて、下段に振り返りを書くスペースをつくります。1日1ページ、次の日になったら2ページ目を作成し、同じように取り組ませます。

　前項で紹介したようにミニレッスンが終わったら、それぞれめあてを立てます。これには理由が二つあります。一つは、今日の学習範囲を知ってから、それを参考にめあてを立てられること。もう一つは、めあてを立てられた子から順次学習に取り組めることです。

　私は自分のスクールタクトのページを見ながら、随時更新されていく子どもたちのめあてを確認します。書き忘れている子や簡単に達成できるめあてになっている子、前日の学習が思うように進まなかった子などに対して、個別に声をかけて一緒に相談することもあります。

　子どもたちは友だちのめあてを見る子もいれば、ほとんど見ない子もいます。それでよいと思っています。**めあては見られるためというよりは、宣言そのものに意義があると思うからです。**

　ちなみに、この「めあてを宣言する」という方法は、画用紙やホワイトボード、黒板などに置き換えても実践できそうですよね。

めあてを公開する様子

POINT

☑ めあてを宣言するから努力できる！
☑ ICTを活用すると、できることの幅が広がる

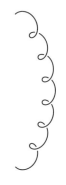

6

自由進度学習⑤
答えを開放する

✧ 答えを写す、という失敗経験を

　ミニレッスン後の学習からは、子どもたちに、問題の答えを開放しています。そんなことをすると、「ただ答えを写してしまうんじゃないの？」とよく言われます。私は、それでもよいと思っています。

　授業中、何も理解しようとせず、ただ漫然と答えを写していただけでは、テストでは満足な結果は得られないことでしょう。そんな経験もまた、子どもたちにとってとても大切な「学び」ではないでしょうか。

　「なるほど、授業中に楽をしていては、自分の力はつかないんだな」と感じることができれば、学習するとは何か、成長するためにはどうすればいいかを身につけることができます。

　子どもたちは、失敗から多くのことを学びます。

　失敗するチャンスを、大人が奪ってはいけないと考えています。

　中には、答えを見ただけで覚えられてしまう子や、答えを元に「どうしてこの答えになるんだろう？」と考え、深めることができる子だっています。

　子どもはそれぞれ違います。もしかすると、わからない問題に何分も向き合わせるから勉強が嫌いになったり、テストでの無回答率が増えたりするのかもしれません。

✧ 「教え方」を教える

　子どもたちには、友だち同士でお互いに教え合ったり、学び合ったり

することを推奨しています。よく言われることですが、人は知識を誰か
に伝達する時に、理解が深まります。そんな話を子どもたちにもします。
教えるということは相手のためだけでなく、自分のためにもなる。

　あわせて、教える上での注意点も伝えます。子どもたちには「答えを
写す」危険性を思い出させます。答えをそのまま教えてしまっては、相
手のためにはなりませんよね。

　相手がどこまで理解していて、どこにつまずいているのか。それを把
握するのは難しいことですが、とても大切な力です。

✧ きりがよくなったら、自分で丸付けをする

　私は、途中式から最後の答えまで、すべての解答を開放しています。
ヒント代わりに途中式までを見て取り組む子、答え合わせに使う子、間
違えた問題の分析に途中式を利用する子などさまざまです。

　答えは教卓のほか、コンピュータ上で見られるようにしたり、プリン
トでも渡すようにしたりしています。プリントの際は、答えは問題の裏
面に印刷します。別紙にすると、どうしても写してしまうんですよね。
頭に入れて、見ないで書く。これが知識定着の原則です。

「答え」をヒントに取り組める子が増える

POINT
- ☑ 自分で丸付けをする習慣をつけよう
- ☑ 教えると、自分も相手も成長できる

7

自由進度学習⑥
自分で丸付けをする力

✧ 自分で丸付けする習慣をつけていく

　子どもたちと学習していると、丸付けをしない子が多いことに気が付きます。この理由はもしかすると、大人が子ども自身に丸付けをさせていないからかもしれません。

　学校が宿題を出す際も、「おうちの人に丸を付けてもらいましょう」という指導をすることがあります。確かに、正確に丸付けをし、かつ保護者が子どもの習熟度を知る意味では効果はありそうです。

　しかし、それと引き換えに「子どもが自分で自分の力を確認する習慣」を奪ってしまっていると言えます。問題を解いたらそれで終わり、あとは誰かに評価をしてもらう。そんな習慣が垣間見られます。

✧ 点数ばかりに目がいってしまう

　テストでもそうですが、誰かに丸付けをされると「他者に評価されている感」が強くなります。評価は、自分が望んだ内容を、望んだ相手にしてもらう場合は励みになりますが、学習に関してはなかなかそういう状況はなさそうです。ましてや、自分の苦手なことだったり、十分準備できていなかったりしたら評価されるのはいやですよね。そういう気持ちが、子どもたちを学習嫌いにしてしまっているのかもしれません。

　テストを返却しても、点数にばかり目がいく子が本当に多いです。自分は何点で、平均点は何点、誰々に勝った、負けたなど……。

　点数も大切ですが、成長する上で本当に大切なのは間違えた問題のは

ずです。そこで私は、自分で丸付けすることを推奨しています。

✨ 丸付けする目を養う

　さらに、**自分で丸付けをすると、すぐにフィードバックが入るようになります。**自分がどう考えて解を導いたのか、記憶が新しいほうが学習効果は高くなります。間違った問題をそのままにしておくと、間違ったまま覚えてしまう危険性もあります。

　私は、子どもが自分で丸付けをした後の問題を、改めて丸付けするようにしています。子どもはたいてい甘く丸付けをするので、○の上から×を付けます。そうすることで、自分の丸付けの甘さに気づいてほしいというのがねらいです。子どもたちは、より正確に回答を見るようになります。

　余談ですが、自分で丸付けをすると「こっそり間違えられる」というメリットもあります。人によって、プライドの高さは違います。

　間違えるのが怖くて難しい問題に挑戦できないようでは、本末転倒です。解答を見て自分で直せれば間違いにも向き合う余裕が生まれ、誰かと点数で競う意味もなくなるはずです。

子どもが自分で丸付けをできるようにさせよう！

POINT

☑ 子どもが自分で丸付けをした後、再度教師が確認する
☑ 自分で丸付けをする習慣で力の向上を！

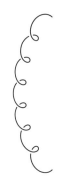

8

自由進度学習⑦
振り返りの基本

✧ すべては「振り返り」のために

　いよいよ振り返りです。私は、この「振り返り」を重要視しています。子どもたちには「振り返るためにめあてを立てたんだよ。振り返らなかったら、めあてを立てた意味がない！」とまで言っていますが、極端に言っているわけでもありません。それだけ「振り返り」が大切だからです。

　うまくいったことも、うまくいかなかったことも、丸ごと自分の行動の結果として受け止める。すべての結果には理由があるから、分析しようと話しています。これは何も、勉強に限ったことではありません。ほかの学習でも、遊びでも、スポーツでも、人間関係でも言えることです。**質の高い振り返りができるようになれば、大人や教師がいなくても成長できる。**私はそう信じています。

✧ 時間になったら声をかける

　授業終了の10分前になったら、次のように声をかけます。「キリのいいところで丸付けをして、振り返りをしようね。音楽を聴いている人は終わりにしましょう」。私の授業では音楽を聴きながらの学習もＯＫですが、振り返りなど、言葉を扱う時間だけは基本的には音楽は聴かないことを推奨しています。

　子どもたちには、自分のタイミングで、十分な時間をかけて振り返りをしてもらいます。振り返りは、めあての下の段に書くようにしています。振り返りを書いて、それでも時間が余っていたら続きの学習に取り

組んだり、次回のめあてを書いたりする子も多くいます。

　授業終了の5分前になったら「まだ振り返りを書き始めていない人は急いでね」と声をかけます。集中していると、つい時間を忘れがちですが、ちゃんと時間で区切らないとめあての成否が判断できません。

　かくいう私も、つい時間を失念しがちです。そんな時はクラスの誰かが「先生、振り返りの時間だよ」と声をかけてくれます。次第に子ども自身で管理できるようになってくるものです。

✧ 振り返りの指標はめあてが達成できたかどうか

　振り返りの基本は「めあてが達成できたかどうか」です。「20問解く」というめあてなら20問解けたか、「前回間違えた問題を、間違えずにやる」というめあてなら間違えずにできたかを振り返りに書きます。

　次に「できた理由・できなかった理由」を書きます。「音楽を聴きながらやったら進んだ」「友だちとおしゃべりに夢中になって進まなかった」「めあてが高すぎて達成できなかった」などを書きます。

　スピードが集中力をはかる指標だとしたら、何問正解したかは正確性をはかる指標です。スピードと正解数の2点が書けるといいねと、10分の間に個々に話しかけて回ります。

　何問中何問正解したのか、その理由は何か、間違えた問題は具体的にどんな問題か。

　そんなことを振り返りとして書くように話しています。

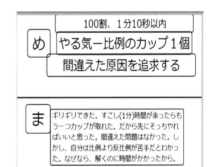

実際のめあてとまとめ（振り返り）

POINT
- ☑ 振り返りの時間を十分にとる
- ☑ 集中力と正確性の2点に着目する

9

自由進度学習⑧
振り返りの質を高める

✧ すべては「振り返り」のために

　私は内省する力を最重要視しています。子どもたちには、「丸付けをするために問題を解いてるんだよ。丸付けしなかったら、せっかくやった学びは水の泡だし、逆効果にすらなり得るよ」と話しています。

　振り返りに関しても「このために、めあてを立てて全力でやってきたんだよね」と声かけをしています。それくらい、振り返りには丁寧に指導を入れていきます。

✧ 「全問正解」をほめない

　振り返りに「簡単だった」「全問正解だった」と書く子が多くいます。もし自分のクラスの子がこのように書いてきたら、「よかったね」とほめたくなりますよね？　私もずっとそうしてきました。しかし、最近はほめる代わりに「残念だったね」と声をかけます。

　当然、ほめられるだろうと思っていた子どもたちは驚きます。続けて、このように説明します。「今日君が選んだ課題は、今の君のレベルから見ると低すぎたんだね。君は、自分が思っている以上にできるってことだね」と。

　学習する一番のねらいは、自分のわからないポイントを明確にすることです。半分以上間違えてしまうのも不十分ですが、満点をとるのも同じくらい不十分というわけです。余裕で満点がとれてしまったということは、すでに理解できていた問題に１時間かけてしまったということで

す。10問やったら2問ほど間違えるのがよいレベル、と子どもたちには提示しています。

✧ 間違えた問題を記録しよう

　私は、間違えた問題を記録するようにと子どもたちに伝えています。どんな問題を間違えたのか、なぜ間違えたのか。そこから目を背けず、向き合ってほしいからです。

　「ケアレスミス」も、ただのミスのままで終わらせないようにと話しています。具体的に、何かける何を間違えたのか。どの約分を忘れたのか。はたまた答えの単位を忘れた、など。そこには必ず「学びのクセ」があります。それをただ「ケアレスミス」で済ませてしまっていては、いつまで経ってもケアレスミスはなくなりません。

　学習にとって大切なことは、「自分がどこがわからないかを説明できるようにする」ことです。 であるなら、わからなかった問題は、これまで追い求めてきた「宝物」ですよね。子どもたちにもそう話しています。そして、その宝物は記録しておかないと忘れてしまいます。

　次回思い出すためにも、記録することが大切なのです。

自分のわからないところを見つけるのが学習！

POINT

☑ 自分が、どこがわからないかを説明できるようにする
☑ 間違えた問題は「宝物」

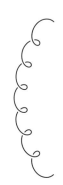

10

自由進度学習⑨

全員分のめあて・
振り返りを確認する

✧ 個別に声をかける

　自由進度学習で心がけていることは、全員分のめあて・振り返りを確認することと、個別に声をかけることです。

　一斉授業だとどうしても、一人ひとりを見る時間が制限されてしまいます。**自由進度学習によって圧倒的に制限が解除されるもの、それは教師の時間です。その時間を個別の見取りと指導助言にあてる、それが時に子どもたちを勇気づけ、学ぶ力を伸ばします。**

　私は1時間の授業で、最低でも10周は教室を回るようにしています。授業冒頭で子どもたちが自分で立てためあてと見比べながら、どのように取り組んでいるかを確認していきます。

　そこで質問されることもあるし、こちらから声をかけたり、問題をどのように解いているかを確認したりして回ります。

　全体に対し「質問ありますか?」と聞いても、子どもたちからはなかなか質問は出ません。それは疑問がないわけではなく、自分の疑問はほかの人は疑問に思っていないだろう、という思い込みがあるからだと思っています。

　私も以前は、あまり机間指導をしていませんでした。しかし、机間指導するようになってから多くのことが見えるようになりました。個別で、全体に聞かれない場だったら質問できる。そんな姿を多く見てきました。

　子どもと教師の物理的な距離をつめると、精神的な心の距離も縮まり、子どもたちは安心して自己開示してくれるようになります。そのための時間を生み出すことが、授業には必要だと感じています。

✧ 授業をパターン化する

　もう一つのポイントは、毎回の授業をパターン化するという考え方です。これまでの授業の多くは、教師が主導権を握り、授業デザインをつくって進めていくため、子どもたちはどうしても受け身になりがちでした。

　65ページの「手帳」と同じ考え方で、情報は開示されない限り、受け手は主体的には動けないと思うのです。パターン化することで、教師が指示を出さなくても子どもたちは時計を見ながら、安心してどんどん先のことを進めていく姿が見られるようになります。

　また、子どもたちに「自分はこれくらいの時間で、これだけのことができるんだ」という、自分の今の力を知ってほしいというねらいもあります。

　そのためには、前回と同じくらいの時間であることが大切です。前回が30分なら今回も30分。そうすることで、前回の振り返りが生かされるからです。「自分の力がだんだんわかってきた」という感想をもつ子も多いです。

　パターン化する大きなメリットは、取り組む前にめあてを立て、終わった後に振り返りをするという「子どもたちが主体の学び方」が習慣化することです。

　そうはいっても自学自習や習い事などでは、毎回めあてや振り返りを書くことはないでしょう。それでも、習慣化していれば自然と頭の中でめあてを立てたり、振り返ったりするようになります。

POINT
- ☑ 最低10周は教室を回ろう
- ☑ パターン化することで、学ぶ習慣が身につく

11

自由進度学習⑩
最適な学びの場を
探究する

✧ 最適な学びの場を選ぶ

私の教室では、机を自由に動かしていいことにしています。

仲のいい友だちと机をくっつけて取り組む子、4人で班の形にして楽しく競い合う子、教わりたい相手のところへ席をくっつけにいく子、一人で距離を置いて取り組む子、壁にくっつけて集中できる環境をつくる子。

同じ教室の中でも、さまざまな子どもの姿が見られます。

もちろん、すべての子が自分に最適な学びの場を選べているとは思っていません。しかし、**「自分にとって最適な学びの場とはどんな環境か」というのは、いろいろ試してみるしかない**んですよね。

静かにじっくり取り組んだほうがいい子もいれば、音楽を聴きながらリラックスして取り組んだほうが効率的に学べる子だっています。

✧ 1日の取り組みから振り返る

では、どのように「最適な学びの場」を探っていくのでしょう。私は大きく、二つの評価軸を設定しています。

一つは、1日の取り組みの振り返り。

ぎりぎりのめあてを立てているため、自分が全力で取り組んだ結果、どれだけできたかを振り返るように話しています。

おしゃべりに夢中になったり、逆に一人で黙々と取り組んでいるのに思うように学習が進まなかったりした結果、学びの速度が落ちているの

なら学ぶ環境を変える必要があります。

　また、正解率が落ちているのなら、もしかすると集中できていないのかもしれません。

　いろいろと環境を変えてみながら、自分にとっての最適な学びの場を探る。それが「自分を知る」ことであり、今後に生きる気づきをもたらしてくれると信じています。

✧ テストの結果から振り返る

　もう一つの評価軸は「テストを活用する」ことです。

　どんなにその環境や学習スタイルが「自分に最適！」と思い込んでいても、結果として知識や思考力が身についていなければ、学びの場としては不完全です。

　点数（偏差値）が下がったのであれば、これまでの取り組みを振り返って方法を変える必要があると思います。自ら変える子がいればそれを認めてほめるし、なかなか変えられない子には個々に話をして、工夫や試行の大切さに気づかせるようにしています。

　テストの位置づけについても、教師側も含めて捉え直す必要があります。

自分にとって最適な学びの場を見つけさせよう！

POINT

☑ 最適な学習の環境を、自分で知っていることが大事！

☑ いろいろ試して、最適な環境を探っていく。

12
自由進度学習⑪
自分の予想や
前回のテストと比べる

✧ 子どもはなぜ、テストを嫌うのか

　子どもたちに、テストが好きかどうかを聞くと、ほとんどの子が「嫌い」と答えます。全国どの学校でも同じ内容になるのではないかと思います。

　この現象を「当たり前」と思わずに、「なぜ子どもたちは、テストが嫌いなんだろう」と考えてみましょう。

　子どもたちがテストを嫌う理由。それは、テストが「評価されるためのもの」になってしまっているからではないでしょうか。

　自分の「できない」と強制的に向き合わされて、同じ基準で一方的に評価される。子どもたちの様子を見ていると、このあたりがテストを嫌う理由なのではないかと思います。

✧ 自分の予想や、前回のテストと比べる

　私は、学び方の過程を振り返るための指標としてテストの結果を活用するように話しています。

　大切な視点は、自分が予想していた点数と比べてよかったか、悪かったか。**他人と比べるのではなくて、自分の予想と比べてみるのです。**

　そしてもう一つ、**前回の自分の点数と比べること。**

　内容が違うので一概に比べることはできませんが、それでも手応えや点数の上がり下がりなどから、子どもは自分で感じることがあるようです。

　私は、テストが終わったらすぐに私のところに持ってきてもらい、そ

の場で丸付けをしています。テストを受けて、返却をするまでに時間があいてしまうと、せっかくのフィードバックの効果が薄れてしまうからです。その場で間違いに気づき、残り時間を使って赤鉛筆で直しながら自分の学びを振り返る。そんな時間を大切にしています。

　子どもたちの中には、仲のいい友だちと一緒に勉強したいから、またはどうしても音楽を聴きながら学習したいから、テストの点数が落ちないように家でも頑張る！という子もいます。私はそれでもよいと思っています。家での宿題に関しては66 ページを参照ください。

✧ テストは試合、コンテスト

　すべてがテストの点数のためにやっているとは思いません。しかし、こと算数においては、系統的に知識を積み上げていく必要もあるため、定着したかどうかを自覚するにはテストは不可欠です。

　スポーツの試合やアートのコンテストと同じで、アウトプットすることで自分の実力をはかることができるものであり、そんなテストに対して興味をもって挑戦してくれるようになるといいですね。

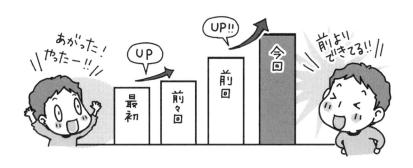

他人と比べるのではなく、前回の自分と比べる！

POINT
- ☑ 「テスト嫌い」を当たり前と切り捨てない
- ☑ テストに対し、興味をもって挑戦できるように

13

自由進度学習⑫
子どもが見通しを
もてる工夫をする

✧ テスト勉強をしてこない子ども

　これは小学校の現場に限った話なのかもしれませんが、先生たちはよくテスト実施の前後で「なんでテスト勉強をしてこなかったんだ」とか「もうすぐテストがあるとわかっていただろう」とか「毎日しっかり積み上げていれば点数を取れるはずだ」などと言ってしまいます。

　それは確かにそのとおりなのかもしれませんが、それでできるようにならないなら、やはり子どもたちにとってはハードルが高すぎるのです。

✧ テストの日を予測するのは高度な能力？

　テストの前日になって「明日テストやるからなー」と言われても、子どもの立場からするともう手遅れということもあるでしょう。

　私も若い頃はよく、「次の時間はテストなので……」と話すと、子どもたちから「えー!!」と言われてきました。「いやいや、教科書の先を見通せばわかるでしょ」と、その頃は話してきましたが、子ども視点になると、テストの日を推測するのはかなり高度な能力です。

　そこで私は、子どもたちに「手帳」をつくらせてきました。手帳といっても簡単。Ａ４の紙ファイルを持たせ、次の１週間の時間割と単元名が入った紙をとじていくだけです。

　この紙自体も、教師なら毎週作成している週時間割計画簿（週案）をコピーして穴を開けただけ。行事やテストの日も明記しておきます。

✧ 手帳を使いこなすスキルを

　よくよく考えると、子どもたちに「見通しをもって動け！」と言っても判断して行動できるだけの材料を開示していないことが多いのではないでしょうか。

　今日の算数の授業が全体の何時間目で、あと何回授業を受けたらテストになるのか。たとえば9時間の単元で、3時間目にあたる授業であれば予定表に、「3／9」と書いて、進捗がわかるように提示しています。

　この手帳制を始めてからは、子どもたちも「あと6時間でテストかぁ」「そろそろまとめ問題やっておこうかな」など、**先を意識してテストから逆算してめあてを決められるようになりました。**

　余談ですが、私は子どもが忘れ物をしても滅多に怒りません。恐怖で忘れ物がなくなっても、自分が担任でなくなったら元に戻ってしまうようでは意味がないと考えるからです。

　その代わりに、忘れた物を手帳に書き込ませます。持ってくるのを忘れても、手帳を見れば思い出せる。自分の弱点を補えるようなツールの使い方をマスターすることのほうが、将来的にも大切だと思っています。

見通しがもてるよう手帳で予定を管理する！

POINT
☑ 先を見て判断するための材料を手渡す
☑ 弱点を補うツールの使い方をマスターする！

14

子ども自身が必要感の
ある宿題を出す

✧ 宿題にまつわる問題点

　学校と家庭が連携していく中で、よく話題に挙がるのが宿題です。

　宿題については、本当に多くの意見があり、多様なニーズがあります。たくさん出してほしいと思う親がいる一方で、毎日の負担が大きくなりすぎている家庭があるのも事実です。

　研究結果では、宿題は学力向上に寄与しないという結果もあれば、やり方を工夫すれば一定の効果はあるという論もあります。

　いずれにせよ、多くの学級では全員一律に同じ内容の宿題を出しているのが現状かと思います。

　私が問題だと感じているのは、たとえば漢字を毎日10回ずつ書くという宿題を出した時に、1回書けば覚えられる子も、10回書いても覚えられない子も、一律にそのやり方で同じ事をしなければいけないことです。

　「とりあえずやっておけばいい」「勉強＝無意味な作業をこなすこと」という価値観を暗に植えつけてしまう恐れがあります。

✧ 自分を成長させる学習内容を

　私の受け持つ学年では、「自学システム」という宿題のスタイルをとっています。1日1プリントに必ず取り組みます。

　何をやるかは本人の自由。

　漢字を練習する子もいれば、計算に取り組む子、市販の問題集を進め

る子、読書する子、料理する子、絵を描く子。塾の宿題でもよいことにしています。

それぞれが、自分で決めた課題に取り組む。テスト前には、テスト勉強に取り組む子が多いですが、取り組まなくてもいいのです。

ただし、テストで本人が納得いく点数をとれなかった時には話し合い、テスト前に復習をしなかったことへの内省を促します。

逆に、いつもより点数がとれた時には、テストに向けた備えを思い出させるようなリフレクションを行います。

✧✦ ドリルの提出期日はテストの日まで

漢字ドリルや計算ドリルも、同じものを購入しています。

しかし、1日〇ページ、などは決めていません。テストの日に、そこまでの範囲を終わらせて提出する約束にしています。

よく、毎年夏休みの宿題を最終日ぎりぎりになって片づけている、という家庭からの悲痛な声を聞きます。1年経ってしまうと喉元過ぎてしまうんです。そのため、なかなか改善しない。

期日までに中長期、時間の空く課題を、どのように計画的に進めていくか。何度も失敗しながら、次に生かせるようなループを細かく回すことが大事なのではないかと思っています。

繰り返すことで、多くの子どもたちが計画的に進められるようになっていくものです。

POINT
☑ 必要な課題を自分で考える
☑ 何度も失敗しながら、計画性を身につける

15

宿題でも自己調整力を

✧ 自問ジャーナルで自分をメタ認知できる

前項で紹介した自学システムですが、宿題とは別に一つだけ全員に課している課題があります。それが「自問ジャーナル」です。

長野県に、心の教育を主眼に積み上げてきた自問教育という実践があります。清掃を通じて心を養う「自問清掃」が有名ですね。やってもやらなくてもよい、自分の心と向き合いながら掃除をする清掃で、私も実践しています。

また、ジャーナルというのは軽井沢風越学園の岩瀬直樹氏の「振り返りジャーナル」という実践をアレンジしています。

ただの日記ではなく、1日の挑戦や成長を振り返り、自分が忘れ物をしてしまう理由やテストでケアレスミスをしないための工夫などを分析する。**毎日書くことで、自分をメタ認知する力を養うことがねらいです。**

✧ 出来事は運、才能、周りのせい？

やっていく中で気づくことも多いのですが、子どもたちはほとんどの出来事を「運」や「才能」、「周りのせい」で片づけてしまうことが多くあります。

「テスト100点でうれしかった」「俺はバカだから今回も50点だった」「友だちがこんなことをした、ひどい」など……。そのことに対して、「なぜ？」を考える力が弱い子がとても多いのです。

そこで私は、「なぜ？」を繰り返し問うようにしています。テストの

点にも、人間関係にも、楽しかったこと一つとっても、ほとんどのことには理由があります。その理由が単なる勘違いであっても構わない。それでも理由を分析して次に生かす試みを止めないでほしいと願っています。

　毎日書くので、子どもたちの文章力が高まるとともに、分析的な視点が高まっていることを感じています。

実際の自問ジャーナルの自学シート

POINT

☑ すべてのことには理由がある！

☑ 毎日振り返ることで、メタ認知力を高める

先生がインクルーシブであること

蓑手さんは、「先生がインクルーシブであること」を体現している。

「インクルーシブ」とは、そもそも障害がある・ないという区別をせずに、多様な一人ひとりが混じりあっている状態である。「先生がインクルーシブであること」とは、子どもたちを障害の有無ではなく多様な一人ひとりと見立ててかかわれる先生であるということだ。

蓑手さんのように、通常から特別支援学校に異動した先生には、二つの段階があるようだ。まず「障害のある子」という視点から入り、障害の理解を深めていく第1段階。

そうこうして子どもと付き合うと、子どもの姿に「なぜ?」を発見する。それを子どもにぶつけず、自分のテーマとして追求するのが第2段階。この段階で特別支援学校の教育が楽しくなる先生が結構いる。蓑手さんもその一人。そこで3年目の異動面接で、「もう1年、受け持ちの子どもを卒業させてほしい」と伝え、本人悩んだ?末の快諾を得た。

彼は重度重複学級の児童2名に、日々屈託なく楽しくかかわる一方でICTなども駆使しながら、彼らの興味関心を引き出し、自ら働きかける学習場面をつくってきた。

タブレットを使い、これまで困難だった「共同注視」の場面をつくるなど、子どもの力を引き出し、子ども自らが対象に働きかける力を伸ばしていく環境づくり・指導をしていただいた。

彼は、目の前の子どもたちを見る時、その子に「障害があるか、ないか」という視点で捉えることを今はせず、多様な個性や特性を有する「Aさん」であったり「Bさん」であったり、と捉えるのではないか。彼にとって目の前の子どもたちは、多様な一人ひとりとして映るのではないだろうかと思う。

「障害者の権利に関する条約に掲げられたインクルーシブ教育システムの構築を目指す(新学習指導要領／各教科等解説)」ためには、目の前の多様な子どもたちを権利の主体として自然に受け止められる「インクルーシブである先生」が必要だ。蓑手さんには、その面でも活躍していただくことを期待したい。

(元杉並区立済美養護学校長　松浦隆太郎)

第3章

自由進度学習が
うまくいく!
成長実感がもてる学び

1
子どもが全力を
出したくなる声かけ

✧ すべての実践はつながっている

　ここでは、自己調整学習を実践するにあたり、私が大切にしていることを書いていきます。

　教室や授業での実践が教育全体から切り取られて論じられがちですが、基本はすべてつながっています。この章で述べるような学習に補完されてこそ自由進度学習は成立すると受け取っていただければ幸いです。

　学級経営とはノウハウだけでは成り立ちません。根本的な思想の上に成り立つものです。一部の方法だけを切り取ってまねしてもうまくいきません。それでは、ほかの方法と思想として矛盾してしまうからです。

✧ 子どもが「全力」を出さない理由は何か

　私が大切にしている価値観の一つが「全力」です。最近の子どもたちはとくに、全力を出したがらないという話をあちこちで耳にします。確かに、私が学校現場で見ていても、全力を出さない子どもは多いです。大人も、ですね。では、なぜ全力を出さないのでしょう?

　それは、「全力を出すと、自分の実力の限界が見えてしまうから」「自分の限界と向き合うのが怖いから」ではないでしょうか。

　しかし、全力を出さない限り成長はなかなか訪れません。子どもたちの全力をいかに引き出すかで子どもの成長する度合いは変わってきます。さらに、成長を実感させることがさらなる意欲を引き出します。そ

のためには、「全力を出したくない」という子どもの意識を変えていかなければなりません。

✧ 山頂だから見える景色がある

　子どもの意識改革にはいろいろな方法がありますが、語りもその中では大切な要素です。私は子どもたちに対し、よく次のような話をします。

　「全力を出すって怖いよね。自分の限界がわかってしまうから。でも、限界を出さないとその次の成長は見えにくいんだよ。山頂まで登るから気持ちがいいし、素晴らしい景色が見渡せる。頑張ってきてよかったなと思える。そして、その先にもっと高い山があることに気づくことができるんだね」

　全力を出さない子は「全力を出すなんてかっこ悪い」、「疲れるだけ」と言い訳をします。しかし、それを放任しているとほかの子も全力を出しにくくなり、努力している人の足を引っ張りかねません。全力を出すのが怖いという気持ちに共感しつつも、全力を出すことを「勇気」と結びつけて奨励し、子どもに「全力を出すこと」の大切さを伝えます。

　そして、「その子が全力を出せるようになってきたかどうか」という軸で成長を見守っていきます。

全力を出すことを奨励しよう！

POINT

☑ 実践の一部を切り取らず、全体を俯瞰しよう
☑ 子どもが全力を出せない理由を考え、出せる環境をつくる

2
成長実感がもてる学び①
ゲーミフィケーションと
条件制御

✧ 全力が成長につながる実感を

　とはいえ、45分の授業で常に全力を出すというのは、大人でも難しいことです。そこで私は、授業冒頭の5分程度を使って、全力を出すことが成長につながると子どもたち自身が実感できるような学習を行っています。まずは算数の学習を例に説明します。

　私が大切にしているのは「ゲーム感覚」です。 子どもたちはゲームが大好きですよね。なぜでしょう？

　その大きな要因は、**数値化による確かな成長実感**だと思うのです。

　ゲームを進めていくと、さまざまなポイントが貯まっていきます。ポイントを貯めることで自分の成長を可視化できるとともに、主人公をアップグレードしたり、行動できる範囲が広がったりもします。それでますます、ゲームにのめりこんでいく。この考え方は「ゲーミフィケーション」といって、近年学校教育にも取り入れられ始めています。

✧ 条件制御があると自分の成長を実感できる！

　成長実感をもつ上で欠かせない要素があります。それは、「条件制御」という考え方。学校生活で、子どもたちが成長実感をもてないのは、授業の難易度設定がオートマティックに上がっていくからです。本当は成長しているのに、それとは関係なしに課題レベルが上がっていくので、自分の成長を実感しづらいシステムになってしまっているのです。

　毎回同じ問題であったり、同じ条件で記録をとったりし続ければ、自

分の成長が実感できますよね。つまり条件を制御することで、初めて成長を実感できる状況になるのです。成長するのは喜び、だから学びはやめられない。そんな幸せのループに気づける仕組みをつくっています。

✧✧ 時間を計る

　教師は事前に、簡単な計算問題等の書かれたプリントを大量に印刷しておきます。始まりのチャイムとともに、ストップウォッチを片手に「よーい、どん！」。子どもたちはカリカリと鉛筆を動かしていきます。

　準備できていない子がいても、時間とともにスタートします。続けていくうちに、子どもたちは徐々に見通しをもって準備し始めるようになります。

　終わったら「はい！」と子どもが言います。教師は、その時点でのタイムを読み上げます。３分になったら「終了〜」と声をかけ、３分以内に終わらなかった子はどこまでできたかを記録しておきます。

　その上で全体に聞くことは「昨日より記録が上がった人は？」。多くの子の手が挙がります。それもそのはず、同じプリントであれば大抵スピードは速くなるはずです。それでも子どもたちは、成長した自分に満足げです。

成長を可視化できる仕組みをつくる！

POINT

☑ ゲーミフィケーションで、成長を数値化する
☑ 成長するのは喜び、だから学びはやめられない！

3

成長実感がもてる学び②
昨日の自分に
全力で挑戦する

✧ 人と比べない

　最初の頃は、子どもたちは自分の記録を友だちと比べたがります。

　しかし、そんな子どもたちには繰り返し、「人と比べるんじゃなくて、昨日の自分と比べるんだよ。計算が速くても記録が上がらない人より、速くなくてもどんどん記録が上がる人のほうが、同じ時間でより成長しているってことだからね」と話します。

　時には、「うさぎとかめ」の童話について話します。

　「うさぎは、自分の能力をかめと比べていたから成長することができなかったし、最後にかめにも負けてしまったよね。かめは、全力を出していたから成長したし、うさぎにも勝てたんじゃないかな」

　人と比べない。全力を出す。成長するのは楽しい。どれも、自己調整学習には欠かせない要素です。

✧ 一人ひとり、能力は違って当たり前

　この実践を続けていくと、「元々一人ひとりの能力は違って当たり前。恥ずかしがることではないし、能力が高いと偉いわけではない」という意識が広まっていきます。この感覚は、いくら道徳的に話すよりも、体感したほうが理解できるんですよね。努力し、成長する姿が尊いのであり、どこかに線を引いて、それ以上になることが尊いわけではない。そのような考えをもってほしいなぁと思っています。

　ある程度進んでくると、さらにレベルの高いプリントや、逆に100マ

ス計算のような基礎的なプリントを用意します。子どもたちは自分の現在地を考えながら、どのプリントをやるかを選択します。自らプリントを用意する子さえ出てきます。

　プリントが違えば、もはや他者と比べようがないですよね。昨日の自分に挑戦する。そんな姿を美しいなぁと思うのです。

✧✧ 記録が上がらない原因を分析する

　記録が上がらない子もいるでしょう。そんな時は、その原因を分析するよう話します。苦手な問題があるかもしれないし、そもそもスタート自体が遅れているかもしれません。また、自分のレベルにあったプリントを選べていないようなら、一緒に相談することもあります。

　子どもたちが取り組むプリントは、楽しければよいとは私は思いません。しっかり計算力がつくもので、かつ成長が実感できるもの。そこが重要です。この学習を継続していくと、結果的に市販の業者テストでの点数も上がります。子どもたちの成長実感が、定期的なテストにも表れてくることは、モチベーション維持の観点からも大切だと考えます。それが伝われば、子どもたちはプリントを持ち帰ってやるまでになります。

昨日の自分に挑戦させる！

POINT

☑ 成長の楽しさをプロセスごと体感させる
☑ 自分に合った課題を設定し、振り返る

4

成長実感がもてる学び③

学習の質とスピードを
大切にする

✧ たった5分で確実に力がつく漢字学習法

国語の授業は、算数以上に授業時数が多いですよね。低学年などでは、1日に2時間ある日も珍しくありません。国語では、冒頭5分を使って漢字学習をしています。

大抵、漢字学習を毎日の宿題に課している学校が大半かと思いますが、私は漢字の宿題を出しません（宿題については66ページ参照）。

漢字の宿題を課さない代わりに、授業時間内で確実に漢字力を身につけられる方法を考えました。それが「5分漢字」です。

多くの学校では、毎週10問の漢字小テストを行いますよね。

そこで出題される問題と同じものを、毎回授業冒頭の5分間で、できるだけ速く書くのです。やり方は算数の実践と同じ。時間を計って、昨日の自分と比べる。それだけです。

✧ 見て、頭に入れて、見ないで書く

問題の裏面には答えが印刷してあります。わからなければ、自由に見ていいことになっています。大切なのは「見て、頭に入れたら、表に戻して書く」ということ。漢字を覚えるコツは、見ないで書くことです。

漢字をなかなか覚えられない子は、漢字を見ながら何度も書くんですよね。これでは、絵を視写しているようなもの。疲れるのに全然覚えられなければ、嫌いになるのも無理はありません。

学校は、勉強の内容は教えますが、勉強の仕方についてはなかなか教

えられていないのかもしれません。

　子どもの漢字テストの結果が思わしくないと、つい「質より量」の根性論に陥ってしまいがちですが、**本当に注目すべきはその子が「どのように課題に取り組んでいるか」という質の部分**です。

✧ スピードも大切にする

　この5分漢字を見ると、「文字が雑になるのではないか」という意見をいただくことがあります。私は、漢字習得の過程では「形を覚えること」と「きれいに書くこと」は分けていいのではないかと思っています。大人はつい「丁寧に書く」ことに目がいってしまいますが、覚えてもいない漢字を記憶しながら丁寧に書くというのは、なかなか高度なのではないかと思うのです。

　加えて、私はスピードも大切にしています。速い子は40問以上書きます。新しい漢字もどんどん書いていきます。浮いた時間を有効に使えるようになってほしいと願っています。テストでは、丁寧さも求めます。漢字を覚えた子どもたちは、自然に細部に目がいくようになります。

学習の質とスピードを大切にする！

POINT
- ☑ 勉強の仕方を教えよう
- ☑ 漢字を覚える過程を細分化しよう

5

成長実感がもてる学び④
間違いを大切にする

✧ 机の間を教師が回る

　子どもたちが5分漢字に取り組んでいる間、教師は何をやっているんだろう？　そう思われた読者の方も多いかもしれません。私は子どもたちの机の間を回りながら書き間違いをしていないかを確認しています。

　漢字は、算数に比べると丸付けをするのが非常に難しい学習の一つです。漢字を書いている本人はもちろん、自分は正しいと思い込んでいるし、漢字の形は横棒の数や長さ、位置など判断が難しいものも多いからです。高学年になれば、同音異義語（読み方は同じだけど違う漢字を用いる単語）や送り仮名など、より複雑になります。

　ここで、間違えたまま覚えてしまったことは、癖のようになってしまって、テストでも同じ間違いをしてしまいがちです。修正されずに放置された間違いは、時間が経つほど定着してしまいます。

✧ 自分の間違いを隠したがる子の対応

　最初の頃は、机の間を回ると自分のノートを隠したがる子がいます。きっとこれまでの学校生活の中で「間違えることは恥ずかしい」「先生に直されるのは悪いこと」と思い込んでしまっているのでしょう。そんな時は全体に対し、このような話をします。

　「ノートを隠されちゃうと、先生はみんなの書いた字が見えません。もちろん間違いにも気づけません。でも、なんのために5分漢字をやっているんだっけ？　漢字を覚えるためだよね？　間違いに気づかない

と、間違えたまま覚えてしまって、逆効果になることすらあるよ。練習で失敗するから、自分のミスに気づけるんだよね。次回は間違えた問題だけ、重点的にやれば効果的に覚えられるよ」

　間違いは宝物。その間違いは、初めて生まれ出てきたものではなくて、元々覚え間違えていたものが表層化されたんですよね。**自分の覚え間違いを修正・訂正されることは、学びにとって大きな意義の一つです。**

　「間違いは恥ずかしいものではなく宝物」という雰囲気を、学級全体でつくり上げていきたいですね。

✨ 小テストは加点方式で

　余談ですが、私は漢字の小テストもほかのテスト同様、すぐに丸付けをして返却し、直しまで済ますよう話しています。仮に、全問正解だった場合は、テストに出てきた漢字を使ってほかの熟語をつくって裏に書いてもいいことにしています。1問書くごとにプラス10点。これを「加点方式」と呼んでいます。たくさん書けた子は、最後に560点などと書いてあげるととても喜びます。満点は一律100点じゃなくてもいいのです。

教師は書き間違いを確認して回る

POINT
☑ 漢字学習は即時フィードバックが決め手
☑ 間違いは覚え間違えていたものが表層化されただけ

6

成長実感がもてる学び⑤

おもしろいと
思ったことを調べさせる

✦ 重要語句は繰り返し確認する

　社会科や理科では、授業の序盤に重要語句を繰り返し確認しています。とくに高学年になると、覚えないと授業内容がわからなくなってしまうような語句が多く出てきます。

　語句の意味を覚えられないことが、授業嫌いに結びついていることもままあると思っています。

　そこで、毎回テンポよく、繰り返しおさらいしていきます。フラッシュカードのように、教師が1問ずつ問題を提示し、子どもたちが一斉に答えるという方法をとる時もあれば、前項で紹介した「5分漢字」のようにどんどん書いて覚える方法をとる時もあります。個人で単語帳をつくって、友だちと交換して学び合うこともありました。

　クイズのような形にすると、子どもたちは楽しそうに取り組みます。また、授業中忘れてしまった時も、1問1答の表があれば小辞典のように、その都度振り返れていいようです。

✦ 疑問をもち、調べてまとめる力をつけていく

　その後は単元にもよりますが、私は自由に調べさせることが多いです。たとえば、その日の社会科が「自動車工場」だったら自動車にまつわる疑問について調べます。ボディの塗装の色やナンバープレートの仕組みなど、気になったものならなんでもよしとしています。

　ここで学んだことは、大抵テストには出題されないものばかり。それ

でも（それだからこそ？）、子どもたちは楽しそうに調べるんですね。

　自分がおもしろいと思ったことは、スクールタクトに新聞のようにまとめます。すぐに共有されるので、友だちが調べたことにも興味津々。時間があるときは一番気になるスライドをつくった友だちのところに行き、そこでプレゼンしてもらったり質問に答えたりすることもあります。

　興味のあることを調べてまとめたり、プレゼンしたりする機会をたくさんつくることは学習の定着にも効果があります。

✧ 資質・能力を育む

　テストには直接的には関係ないことでも、興味や疑問をもって調べることは大切にしたいと考えています。

　社会の仕組みや時事的な事柄、身の回りの不思議や発展的な実験など、それらは時に、教科の内容と子どもたちの日常を結びつけたり、知識と知識の間の溝を補ったりすることがあります。

　学習指導要領でも「資質・能力」を重視することが求められていますが、社会科や理科にとって大切なことは、教科書の内容を暗記させることではなく、社会的・理科的な見方や考え方を育むことです。

子どもが興味をもったことは調べられる環境を整えよう！

POINT

☑ 重要語句も、短時間集中を繰り返そう
☑ 教科の見方・考え方を育むことが大事

7
成長実感をもつと、自分のことがわかるようになる！

✧ テストの点が上がるということ

　これまで紹介してきたような実践を行っていくと、普段のテストでも平均90点以上とれるようになります。

　自由進度学習を経験した子どもたちからは「こんなにいい点をとったのは初めて」「去年より成長できた。うれしい」などの感想が多く聞かれます。

　勉強の嫌いな子どもたちの多くは、これまで経験してきたテストで納得いく点がとれなかったんですよね。そんな子どもたちに「テストの点なんて気にしなくていいよ！」と言ったり、おもしろいだけで力のつかない授業をしたりしても、結局はその場しのぎにしかならないのです。

　子どもたちはこの先もさまざまな場所で評価にさらされ続けることになるし、何十回とテストも受けていくことでしょう。

　子どもたちが学習で失った自信は、学習で取り戻すしかない。それを一番望んでいるのは子どもたち自身です。

✧ 自分を成長させる学習方法を

　成長実感のもてる学習を通して、子どもたちは自分を成長させる学習方法を体得していきます。この先どのような人生を送っていくにしても、何らかの知識を暗記したり技術を習得したりする必要が訪れることでしょう。

　その時に役立つのは、学習内容よりも学習方略です。よく教育やボラ

ンティアの現場で、次のような格言が引用されます。

「もし目の前におなかを空かせた人がいたら、魚を与えるのではなく、魚の捕り方を教えよ」

魚とは、つまりは知識です。必要な知識をそのまま与えてしまえば、その時点では子どもたちは満足するかもしれません。

しかし、またおなかが空いた時に、誰かに魚を与えてもらうのを待つばかりになってしまっては持続性がありません。知識獲得の方法を教えること。これを常に念頭に置いて授業を行っています。

✧ 資質・能力を育む

当たり前ですが、子どもは一人ひとり違います。教科書をパッと眺めただけで覚えられてしまう子もいれば、何度も書いたり、音楽にしたりしたほうが覚えやすい子もいます。

大切なのは、自分を知ること。

時代とともに、環境は大きく変わる可能性はありますが、変わらないのは自分が自分であり続けることですよね。

「あ、自分ってこうすれば覚えられるんだ！」という、自分の乗りこなし方を身につけておくことは、今後幸せな人生を送る上で有効なことだと思います。

そのためにも、まずは成長実感をもつこと。努力には量だけでなく、質もあります。血と汗と涙を流す根性論ではなく、どうすればコスパよく習得できるか。できるから楽しい、という感覚ですね。

POINT

☑ 学習で失った自信は、学習で取り戻す
☑ 自分の乗りこなし方を身につける

8
これからの教師にとって
大切な姿勢とは

✧ 教師の役割とは

ここまで読み進めてきた読者の方の中には、「え、じゃあ先生の役割って何？」と思われた方もいるかもしれません。

これまでの教育において、教師は「知識を授ける者」でした。

しかし、これからの時代に必要な力は、「大人さえ答えを知らない未知の領域に、突破口を見出して進んでいける力」だと思うのです。そこには、模範解答も評価規準もありません。

「それなら先生なんていらないじゃないか」という意見も聞こえてきそうです。私はそうは思いません。

確かに世界を救う答えは知らないかもしれませんが、それでもヒントや考え方、問題と向き合う姿勢などは、先人として背中を見せられるのではないでしょうか。

教師は、時にコーチであり、メンターであり、ファシリテーターであるべき存在なのだと思っています。

✧ 教える技術は必要ない？

一方で、「これからの教師には、教える技術は必要ない」という意見を言う方もいますが、私はその意見に対しても賛成しかねます。

子どもたちが自分という人間を知り、戦略を練り、技術を身につけていく際に、「教わる」ことは必要不可欠だと現場で実感しています。

「学ぶ」の語源は「真似ぶ」だと言われます。独創的と言われるような

イノベーションも、99％は過去の誰かのアイデアです。

　発明王のエジソンが残した名言に「天才は１％のひらめきと、99％の努力」というものがありますが、天才的なひらめきをするためにはやはり圧倒的な努力が必要で、それは教わることから始まると思います。

✧ 圧倒的な知識量も必要

　全員に同じ力が必要なわけではないということは、これまで何度も述べてきたとおりです。一方で、圧倒的な知識量がある研究者や技術者は、今後も一定数必要だと思うのです。

　「巨人の肩に乗る」という言葉があります。これまでのアカデミックを創り上げてきた知の巨人たちがいるからこそ、それを土台に文明は発展してきました。

　また、学習者が求めた時に、わかりやすくアレンジし、譲り渡す能力。これまでの日本の学校教育が培ってきた指導技術もまた、しっかり受け継がれていく必要があると思っています。

　１学級の人数がこれほどいて、これだけの教育予算で、世界屈指の識字率を誇る日本という国は、改善点こそあるにせよ、世界的に見ても驚くべき教育力なのだそうです。指導技術や学力向上法は先人から、しっかりと受け継いでいきたいものですね。

POINT

☑ 教師はコーチであり、メンターであり、ファシリテーター
☑ 日本の教育が積み上げてきた財産を、未来に受け継ごう

9

日々心がけていること

✧ 趣味は教育

　私は、子どもファーストで教育実践を考えていますが、その根本は「自分がそうありたいから」であることを忘れないようにしたいと思っています。子どもを優先したいのは自分、そのために努力をしたいのも自分。

　私はよく自己紹介で「趣味は教育です」と言うのですが、自分の教育観はエゴであり、欲であり、わがままであることを忘れないためでもあります。

　現場では多くのシステムが「子どものため」で動いています。そういうものは大人がつらくなったり、苦しくなったりするとすぐ「子どものせい」にすり替わってしまうように感じます。

　「あの子のため」が「あの子さえいなければ」になってしまうのは、今日の教育現場における大きな問題点だと感じています。

　子どもたちに何かをしてあげて、子どもたちから感謝されるのは気持ちのいいものです。しかし、そこに子どもたちの主体的な学びはあったのか。単なる受け手にしてしまってはいないか。

　子どもたちから愛されることが自分の欲望ベースになっていないか、自分の保身のためにないがしろにしていないか。常に自分に問いかけています。

✧ 教える、叱るを臆さない

　私は、教えるということを臆さないようにしています。子どもに限ら

ず、人にとって何かを知るということは本能的な「快」であり、同じく教えることも「快」であると思っています。つまり、どちらも幸せになれる営み、それが教育の素晴らしいところです。

「子どもたちの好きなことだけやっていればよい」とは思いません。子どもたちが選択しなかったどころか、思いもしなかった可能性の扉の存在に気づけるようにすることもまた、学校という出会いの場の大きな魅力だと思うのです。

そういう意味では、学問やアカデミックは深淵で、本来探究のしがいがあるのです。そこに気づけるようにしたり、自分本来の可能性を感じられるようにしたりする環境は積極的に整えるようにしています。

よくないと思うことについては、一人の人間として叱ることも臆しません。子どもたちはよく耳を傾けます。それは信頼関係もありますが、おそらく「この人は自分を伸ばしてくれる」と信じているからだと思います。

好きか嫌いかは別にして、蓑手の言うことには耳を傾ける価値がありそうだ、と。私はよく「騙されたと思ってやってごらん」と言います。放っておいたらほかの選択肢をとらなそうな子に、より効果があると確信している方法を提案する時です。その結果自分の成長を実感できれば、子どもたちは人の提案に耳を貸す姿勢が育ちます。

「どんな教育をしたいか」より「どうしたらその子が幸せになれるか」で日々内省するようにしています。

POINT
☑ 誰もが幸せを感じられるのが教育の素晴らしいところ
☑ 「どうしたらその子が幸せになれるか」を考える

自由進度学習の効果

　自由進度学習は、算数が得意な子はどんどん進められ、苦手な子はしっかり教わりながら解いていくことができます。

　6年生であってもかけ算から学ぶ子もいます。その結果、目に見えて算数が好きという児童が増え、算数が嫌いという児童が減りました。

　集中力の高まりも見られます。好きなこと、もう少しで理解できそうな課題にそれぞれの子が取り組んでいます。

　「もう少しでわかりそう」「解けそう」という場が、目の前の課題に集中させる適切なレベルに自然と設定されているのです。

　自主的な学び合いも増えました。これは学習を「好きになる」という面から表れた姿だと思います。

　「わからないから、わかる友だちに聞く」「得意だから友だちに教えてあげたい」と、相互の気持ちが学習を好きになることで生まれる姿でした。

（小金井市立前原小学校　東川琢真）

第4章

休校期間、
オンラインでつないだ
3か月の事実

1
休校要請の日に
考えたこと①

✧ 子どもたちとの連絡手段を確保する

　自己調整学習を積み上げてきた私の学年でも、今回の新型コロナウイルスによる休校はまったくの想定外でした。子どもたちが、来週から学校に来られない。その意味と影響について考えました。全国の学校では、学校外の子どもたちと連絡をとる手段はほぼありません。せいぜい電話をするか、家を訪問するか。それさえ確実な方法ではありません。

　そんな中で、本校には恵まれた環境がありました。日常の授業から一人1台のクロムブックを使っていたことと、市の取り組みの一環でクラウド活用を推進していたこと。まず真っ先に考えたのが、子どもたちとのつながりの確保でした。子どもたちと連絡がとれれば、安否確認やニーズの把握、課題の連絡など臨機応変に動けるし、それだけ多様な取り組みが可能になると考えました。実際、その予想は的中しました。

✧ 大切なのは「機会の公平性」

　懸念材料として考えたことは「家庭にインターネット環境がない子をどうするか」です。実際、それがネックで動けなかった公立学校がほとんどだったのではないでしょうか。もちろん私も考えました。

　しかし、最終的には動く決断をしました。その理由には、これまで述べてきたような「人はそれぞれ違う。それぞれのよさを最大限に発揮できるようにするのが教育」という考えがあったからです。

　学校現場ではよく「公平性」と言われますが、ここはよく考える必要

があると思います。**大切なのは「機会の公平性」です。**

　不公平の定義が「それを必要とする人たちに、行使する権限が与えられていない状態」とするならば、デジタル環境があるのに踏み出さなかったり、取り組める子どもたちの権利を奪ったりするのもまた、公平性に反すると思うのです。オンラインを活用した取り組みをしなければ、権限すら与えられません。私の考え方の根本には特別支援教育があることは何度も書いてきましたが、**すべての子どもに対して「一人ひとりのニーズに最大限コミットする」「できるのにやらないという選択肢はない」**という信念で推し進めました。

✧ 特別支援教育は公平？

　そもそも、特別支援教育は「特別」なんですよね。狭義の公平から考えると矛盾しています。それを、障害を根拠に「あの子はしょうがないから」とか「かわいそうだから」なんて言われたら、私はカチンときます。大人の決めたシステムで勝手に障害のレッテルを貼って、同情するなんて馬鹿馬鹿しいと思っています。本来障害の有無と幸福は関係ないし、かわいそうじゃない。一人ひとり「みんな特別」なはずなんです。

機会の公平性を大切にしよう

POINT

☑ 一人ひとりのニーズに最大限コミットする
☑ できるのにやらないという選択肢はない

2
休校要請の日に
考えたこと②

✧ 教科書の内容を進めなかった理由

　学力保障の観点から、教科書の内容を進めるべきとの声も多くいただきました。しかし、結果として私はその方法を採用しませんでした。その最たる理由は、2点あります。

　1点目は、インターネット環境が整わない子がいること。その中で一部の子だけ進めていったとしたら、どこかでほかの子たちの学習を補填しなければなりません。その子たちだけ夏休みに補習、というのはかわいそうですよね。かといって、やらないわけにはいかないはずです。

　2点目は、ほかの学年や学校の子が遊んでいる中、自由を制限すること。休校中に頑張ったところで、休校が明けたらほかの子と同じ時間数授業を受けなければならないでしょう。そうなった時、子どもたちは「損をした」と感じると思うのです。それが原因で学びが嫌いになってしまっては本末転倒ですよね。

✧ 三つの間で子どもが育つ！

　子どもが育つ場には三つの間、「三間（サンマ）」が必要だと言われます。すなわち「時間」「空間」「仲間」の三つです。

　今回の休校で、そのうちの「空間」としての学校と、「仲間」としてのクラスメートが大きく制限されてしまいました。しかしながら、「時間」は圧倒的に拡充した。であるなら、空間と仲間をサイバー空間で保障しながら、圧倒的な時間を生かした学びを体験することがベストだと判断

しました。

✧ 学校の授業の「当たり前」

　学校の授業は、リアル空間における制約を知らず知らずのうちに受けています。1時間は45分であり、決められた時間に決められた授業を、35人前後の同年代と一緒に受ける。

　内容は一律、同じスピードで、みんな椅子に座って同じ教室で受ける。一見当たり前ですが、これらはリアル空間という制約上でのベターだったのです。

　サイバー空間では、その制約に従う必要はありません。重要なのは形式ではなく、一人ひとりにとって最適な学びがあること。その環境をつくり上げることです。

　多くの学校が、リアル空間で行われてきた上記のような「当たり前」を、オンラインで再現しようとしました。その結果、思うように授業が進まず、残念ながら「オンライン授業は不可能」と烙印を押されてしまったことも耳にします。

　リアル空間の最適な学びを、サイバー空間で行うには無理がありますよね。オンラインでどのように学びの場を拓けるか、そこが肝でした。

子どもが育つには「三間」が必要！

POINT
☑ 空間と仲間を、サイバー空間で保障する
☑ 学校の「当たり前」は、リアル空間でのベターな形

3

休校実践の方針

✧ 学ばなければならないことの多い学校現場

　今日の学校には基礎学力、論理的思考力、情報活用能力、生活力、コミュニケーション力、食育など、多くの「学ばなければならないこと」があります。学校は限られた時間の中で、それらを満遍なく遂行することに必死なのが現状です。

　もちろんどれもやっておくに越したことはないのですが、すべてやることで本当に大切にしたい本質が希薄になってしまったり、見落とされてしまったりする危険だってあるはずです。そこで私は、常に「何がより大切か」という優先順位を頭に置くようにしています。

　読者の皆さんにとっての最優先項目はなんですか？　それぞれに大切なものがあると思いますが、そのことをあきらめてしまう、または忘れてしまうくらいに忙しいのが現状ですよね。そんな中でも、時には取捨選択しながら、最優先項目を大切にしていきたいなぁと思うのです。

✧ 学びを楽しむ力を取り戻す

　知識や思考力ももちろん大切だと思いますが、私が最も大切にしていることは「学びを楽しむ力」です。その気持ちさえあればいつだって、今の時代いくらでも知識は吸収できるし、好きで試行錯誤を繰り返していけば思考力も身につくと思うからです。

　日本人は、海外と比べても高い識字率を誇りますが、一方で学習意欲は大きく落ち込んでいます。成人になっても学んでいる人の割合が極端

に少ないという研究結果もあるようです。何度も言うように、学びは本来楽しいもの。もしかするとこの国は、高い学力と引き換えに学びの楽しさを失わせてきてしまったのかもしれません。

✧✦ ピンチはチャンス

　今回の休校で、ほぼすべての学校で授業がストップしました。それは裏を返せば、いつもの「やらなければならないこと」はやらなくてもいいという状況。ピンチはチャンスです。

　私はこの休校期間中に、最優先項目に絞って子どもたちに学びの場を拓こうと思いました。それは「学びの楽しさを取り戻す」ことと「学校がなくても先生がいなくても成長できる」と実感させることです。

　これまで自己調整学習を行う中で、ただ与えられた学習を渋々こなしていくのではなく、自分の力で自分自身を成長させていく。その成長を実感し、楽しむ。うまくいかなければほかの方法で試す、楽しむからこそより成長できる。これまでの自己調整学習で培った力が試される機会だなと感じました。

大切にしたいことを考える！

POINT

☑ 優先順位をつけて、取捨選択する
☑ 自分自身を成長させる楽しさを「取り戻す」

4

休校中の学びの
フォーマット

✧ これまでの知見を生かす

　第2章でも紹介しましたが、休校中もスクールタクトは活躍しました。本校は「次世代学校ICT環境実証事業」のモデル校として、クラウドを活用した学びについて3年間にわたって研究してきました。そのこともあり、これまでも子どもたちが家から、家庭にある端末でアクセスするような学習はすでに行っていました。

　しかし、スクールタクトは協働学習を支援するシステムとして設計されている都合上、今後登校できない中で継続的に「仲間が集まる空間」としての機能をもたせるのは難しいのではないかと感じました。

　そこで、スクールタクトを補完する形で今回初めて導入したのが、Web会議システムのZOOMです。

✧ それぞれの長所を組み合わせる

　ZOOMはアプリさえダウンロードすれば、比較的簡単に扱えるテレビ電話のようなシステムです。私もこれまで、個人的に何度か使って便利さを体験していたので、「これだ」と思い、休校前の最後の登校日に、子どもたちに紹介し、簡単な操作説明を行いました。

　時間にとらわれず、自分の学びやすい環境で取り組んだりお互いの学びを共有したりできるスクールタクトと、同じ時間に顔や声が聞けて、みんなで集まっているという場を共有できるZOOM（IT用語では前者を「非同期」、後者を「同期」と呼びます）。この二つを相互補完的に組み

合わせて、子どもたちの学びの場を拓き、支えていこうと決めました。

✧✧ スクールタクトには計画＋結果を書き込める！

　平日に1日1ページ、スクールタクトに学びを記録していきます。

　ページを上下半分に区切り、上段に「今日やること（計画）」、下段に「振り返り（結果）」を書くというスタイルで進めていきました。

　とはいえ、家庭にネット環境がない子もいます。同じ形式で、紙でやる子も含め、基本は内容の縛りなし、任意参加で進めました。それでも土日や春休み、ゴールデンウィークにまで取り組む子も多く、嬉々として学ぶ子どもたちの姿がそこにはありました。

　今回の取り組みは学年全体、児童84人と行っており、そのうちスクールタクトに入った子は9割、ZOOMに入った子は7割でした。教師も学年の3人が学年全体を見るスタンスでかかわりました。

　6年生に進級してクラス替えもあったのですが、どのクラスの子にもコメントでフィードバックするようにしていたので、年度更新もとてもスムーズに行うことができました。

いろいろなシステムの組み合わせで、学びの場がつくれる！

POINT

☑ 同期と非同期で、相互補完しながら学びの場を拓く！
☑ 学年の教員団で、すべての子どもを見る！

5

スクールタクトでの自学実践①
国語・算数編

✧ 漢字の取り組み

　ここからは、子どもたちの実践の様子について書いていこうと思います。多かったのは、漢字や算数の予習と復習です。

　漢字は自分で丸付けしたものを写真に撮って貼り付けてくれる子もいました。自分の結果を恥ずかしがらずに見せられるって、いいですよね。間違えているのに丸をしてしまいがちなのが漢字です。

　コメント欄で「○の文字が違うよー」と助言することもありました。写真は撮れない子でも「△という文字を間違えた」「しめすへんをころもへんにしてしまった」など、間違えたところを具体的に振り返れる子もいました。

　この振り返りを書いている時点ですでに、間違いは克服されてしまうんですよね。日頃の学習の力がしっかりついているなぁと感心しました。

　進級してからは、市販の漢字ドリルを「どこまでやってもいいよ」と言って渡しました。子どもたちは自分で、78ページで紹介した「5分漢字」に挑戦したり、自分なりの覚え方を試行錯誤したりしながら、どんどん進めていました。テストも「受けたい時に受ける」形式にしたので、元々得意な子もより生き生きと挑戦する姿が見られました。

✧ 算数の取り組み

　算数は主にドリルと、オンラインドリルとしての「やるKey」「eboard」などを使っている子が多かったです。eboardは動画解説付きのコンテ

ンツなので、文章の説明だけでは理解しにくい子が使っていることが多いようです。Youtube でも最近は学習系コンテンツも多く、自分で好きなものを探して活用している子もいました。

✧ オンラインでも学び合いができる！

　とくに算数では、わからない問題を貼り付けて、コメント欄で学び合う姿も見られました。学校の授業でもそうですが、**わからない時に気軽に聞ける仲間がいるというのは、やる気にもつながります。**「気軽に」というところが、親や教師以外に教えを求める動機なのかもしれません。

　塾の宿題や通信教材などをお互いに教え合う姿もありました。このような取り組みの中で「あ、あの子も同じ教材使ってるんだ」「この子は塾に通って頑張ってるんだなぁ」など、普段知らなかった、友だちの学校外での努力に気づく機会にもなっていたようです。

　難しい問題を取り上げ、みんなで時間をかけて考える姿は、どうしても細切れにならざるを得ない学校では、なかなか実現できない新鮮な協同学習でした。ちなみにこの取り組みは、学校再開後も行っています。

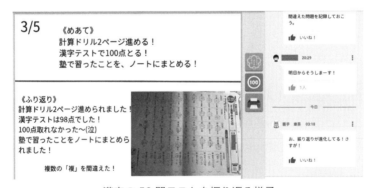

漢字の 50 問テストを振り返る様子

POINT

☑ お互いの学習状況がわかることはメリット！
☑ 時間があるからこそ取り組めることも

6

スクールタクトでの自学実践②
デッサン編

✧ 多くの子が絵を描く自学に取り組む！

　絵を描く自学は、多くの子が取り組んでいました。子どもたちは、絵が大好きです。これまで好きだった子はもちろん、この休校をきっかけに友だちに刺激を受けて始めたり、今まで好きだったけどみんなに公表してこなかった子も発表するようになったりと、さまざまな変化を見ることができました。

　私は、描いたものはぜひ共有しようと言い続けました。見られることでうまくなるし、友だちにもよい刺激になります。最初の頃は「わたし、うまくないから……」と言って見せたがらなかった子にも、「公開してくれている子は、自分がうまいから自慢するためにアップしてるわけじゃないよ」と話すと、次第に公開する子も増えていきました。

✧ 子どもたちそれぞれに多様な表現がある！

　「絵を描く」と一言で言っても、その作品は多様です。鉛筆で線画を描く子、ペンで描く子、色鉛筆で描く子、コンピュータ上で描く子、油絵を描く子……本当にさまざまでした。題材も、マンガのキャラクター、似顔絵、風景画とこれまた多様。このあたりを自由に発表できることも、オンラインならではのよさです。

　子どもたち同士でも、互いの絵を見合いながら「うまい！」「どうやって描いたの⁉」など、多くの交流が見られました。どんな絵を描いてほしいかをリクエストで募集したり、友だちの誕生日に合わせて、その子

の好きなキャラクターを描いてあげたりするなど、心温まるような姿も
たくさん見ることができました。

✧ 子ども主体で絵の描き方講座を開催

　次第に「こうやったら上手に描けるよ」と、描き方を公開する子も現
れました。絵を描くコツや手順を、番号を振って説明したり、描いてい
る様子を動画に撮ってアップしてくれたりする子もいました。

　中には、ZOOMでライブ配信してくれる子もいました。自分の得意
を誰かのために使えるって、とても素敵ですよね。子どもたちの感想に
も「○○ちゃんの教えてくれた描き方で描いてみたら、上手に描けた」「休
校期間で絵がめっちゃうまくなった」という声が挙がっていました。

　ちなみに、隣のクラスの先生はとても絵がうまいんですね。なので、
その先生が率先してアドバイスをしてくれていました。また、もう一人
の先生は逆に得意ではなかったのですが、恥ずかしがらずに絵を公開す
る姿に、多くの子が勇気をもらいました。先生たちがそれぞれの個性を
発揮しながら連携できるのも、全体で取り組んでいる強みだったと感じ
ています。

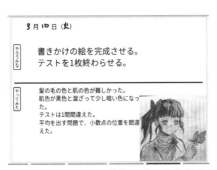 

実際に書いた作品を見せてくれている様子

POINT

☑ 多様な表現がそれぞれ生きる場に
☑ 大人も、個性を発揮して連携しよう

7

スクールタクトでの自学実践③
料理編

✧ 料理を作る！

　料理をする子も多くいました。普段の家庭科の授業でも調理実習があるとはいえ、決められた料理を決められた方法で作る中では、なかなか一人ひとりのよさは発揮されません。

　自宅で自由に料理をすると、今まで知らなかったその子のよさが見えてきました。毎朝家族のご飯を作っている子、手の込んだ料理が得意な子、お菓子を毎回手作りしている子、アドリブでオリジナル料理が作れる子。ピザを一人で生地から作ってしまう子もいました。

　そんな友だちの姿を見て、自分もやってみようという子も多く現れました。**自分もできるかもしれない。そう思わせてくれるのが、友だちの力です。**共有する強みを改めて感じました。

✧ 写真で撮るとメタ認知ができる！

　料理も絵と同様、写真で撮ることを推奨しました。ある子は、照り焼きチキンを作って写真に撮りました。友だちはみんな「すごい！おいしそう！」と絶賛の嵐だったのですが、本人は自分で写真を見返した時に「盛りつけがいまいち」と思ったそうです。

　数日後、今度はローストビーフを作って、そこにミニトマトでデコレーションした、とてもおいしそうな写真を載せてくれました。

　写真を撮ることで自分の行為がメタ認知され、他者の目線から工夫や改善の余地を考えられる。もしかすると、この子は将来シェフになるか

もしれないし、デザイナーになるかもしれません。そんな力がつく可能性を感じられた場面でした。

✧ レシピ作りや料理風景を配信する子も現れる

そのうち、料理の行程を写真で撮って、レシピを紹介してくれる子も出てきました。ほかの子も真似できていいですよね。どこの段階で、どの方向から撮って、どうコメントを付けるか。その過程にも、多くの学びがありそうです。

ZOOMで、お菓子作りや料理風景をライブ配信する子も現れました。テレビやネット動画でも、料理番組は多くありますが、料理ができるまでを見ているのっておもしろいですよね。子どもたちと一緒に、チャットをしながら楽しく観ていました。

時にはこちらから「もっとここ映して！」とか「今何してるところ？」なんて質問することも。インタビューに答えたり、カメラの位置を調整してくれたり、家の人が協力して撮ってくれたりと、楽しみながら「料理で学ぶ」ことができていました。

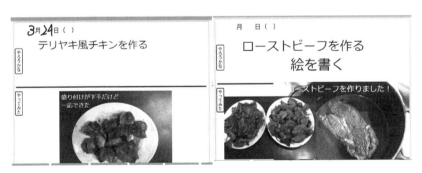

盛り付け方を改善している様子

POINT

☑ 大人の何倍にもなる友だちからの刺激
☑ 写真で撮るからこそ、立ち現れる新たな学び

8

スクールタクトでの自学実践④
工作・音声編

✧ 工作したものを発表する！

工作したものを発表してくれる子も多くいました。

マスクやペンケースといった裁縫から、パズル、ミニチュア、プラ板、木工、レジン、スリッパやビオトープ作りまで！　何日も要する作品も多くありました。子どもたちは当初「完成するまで写真は撮らないもの」と思い込んでいる子が多くいました。それではもったいないと思い、途中経過でも載せてくれたほうが楽しめるから、とお願いしました。

少しずつ完成していく様子を、一緒に楽しみながら見られるのはいいですよね。ZOOMで作成風景をライブ配信してくれる子もいました。未完成ならではの美しさも、お互い感じ取れていたらうれしいですね。

今の子どもたちは、アニメのキャラクターグッズやアイドルグッズも自作してしまうんですね。自分のほしいものが作れるという感覚と環境は、とても大切だと感じます。絵と同様、友だちにプレゼントするなど、心温まるシーンも見られました。

✧ スクールタクトなら音声、動画も貼り付けられる！

スクールタクトには、音声や動画データを貼り付けることもできます。子どもたちの中にはピアノを習っている子も多く、録音して紹介してくれました。

普段の学校だと、行事の伴奏などで立候補しない限り、演奏のうまさはなかなか認知されません。今回貼り付けてくれた動画は、実際に手元

に寄って撮ってくれていたので、指の動きの速さまで伝わりました。選曲も、自分の好きなアニメの主題歌などを練習していました。友だちのニーズも意識したのかもしれません。私もギターを弾きますが、最初は「好きな曲を弾きたい！」という気持ちが大きなモチベーションになったことを思い出します。

　ピアノのほかにも、歌を吹き込んだり、「GaregeBand」というアプリで作曲したり、ラジオ番組を制作したり、ダンスで踊っているところを録画したりと、表現の工夫はどんどん広がっていきました。

✧ ICTは発表の心理的ハードルも下げられる！

　工作や音声などの作品は、実際の学校で発表しようと思うとなかなか難しいです。時間的な制約もあり、場所も限られます。

　確かに、工夫して場所を確保したり「今発表してもいいよ！」という時間をつくったりすることもできないことはありません。そのような場でよさを発揮できる子もいるでしょう。しかし、一方で「そこまで目立ちたくない……」と思っている子も実際は多いのではないでしょうか。**発表の心理的ハードルを下げられるのも、ICT の大きな利点です。**

ピアノを演奏する様子

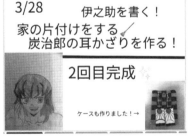

アニメをモチーフにした作品を公開する様子

POINT

- ☑ 途中段階でも発表していく
- ☑ 発表の心理的ハードルを下げられる

9

スクールタクトでの自学実践⑤
運動・調べ学習編

✧ 自宅でも運動ができる！

　休校明け、多くの学校現場で問題となったことの一つが「子どもたちの運動不足によるけがの増加」でした。習い事もストップしたり、公園でも遊べなかったりする状況では、当然運動不足にもなります。

　本校の子どもたちは、工夫しながら運動を継続していました。たとえば縄跳び。体育で取り組んでいたこともあり、発展的な技にチャレンジする子が多くいました。「ハヤブサ（技の名前）のやり方がわからない」という子には、コメントでアドバイスすることもありました。

　ほかにも、ランニングをする子やサッカーのリフティングをする子、器械体操に挑戦する子も。最初のうちは「とにかくやってみる」子が多いのですが、そこに視点をもてるようなアドバイスを心がけました。大切な視点は成長実感、そのための条件制御です。

　回数が増える、時間が長くなるなどは、前回の結果と比べやすいのでとても有効です。記録をとっていない子には、記録をとることをすすめました。

　中には、スマホアプリで距離と速度を記録したり、１か月の記録をパソコンでグラフにしたりする子もいました。

　毎日の振り返りも大事ですが、中長期的なスパンでの振り返りもとても効果的です。「１か月前と比べてこんなに成長できるとは思わなかった」と、自身の成長に驚く様子が見られました。

　子どもが、自分の成長が実感できるような場を、相談しながら一緒につくる。一緒に振り返って考える。これからの教師にとって大切な力だ

なぁと思うのです。

✧ 気になったことをとことん調べる

　調べ学習もどんどん奨励しました。好きな芸能人、歴史上の人物、植物や生物の生息地、花の種類。普段なかなか時間がなくて調べられなかったことを、どっぷり調べられるよい時間になったのではないかと思います。

　中には「なぜご飯茶碗を左、お椀を右に置くのか」や「バイキングとビュッフェの違い」など、身の回りで疑問に感じたことを調べる子も。疑問をもつ力はとても大切です。どんな小さな事でも、調べることで大きな発見につながるかもしれません。

　子どもたちは多くの情報に囲まれながら、忙しい日々を送っています。「そういうもの」「理由なんてない」と思わされ、通り過ぎてしまっていることが多いのではないでしょうか。一つ知ると、二つ知りたいことが生まれる。そのループが、学ぶ楽しさを取り戻してくれると思うのです。

　また、好きなものを、どうやって表現したら伝わるか。これも大きな学びです。写真やテロップ、時には動画も活用しながら、自分の「好き」を発信する姿はとてもキラキラしていました。

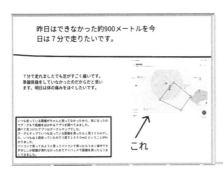
自分の走るコースを分析する様子

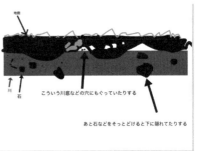
生物の生息地の観察の様子

POINT

☑ 子どもの成長実感を、一緒に支える

☑ 知ることで世界は広がり、それ自体が楽しくなる

10

スクールタクトでの自学実践⑥
ゲーム編

✧ ゲームは学び？

当初は、自学実践でゲームを選ぶ子はいませんでした。ゲームは遊び、勉強ではないという感覚が強いのでしょう。大人にとってもそうかもしれません。

しかし、私はそうは思いません。**本来、遊びと学びに明確な境界線などないはずです。**子どもが熱中しているものを「遊び」として学びから排除してしまうことが、相対的に「学び」をおもしろくないものと思わせてしまっているのではないでしょうか。

学び観については次項に譲るとして、ここではゲームに対する私の考えを書いておこうと思います。

✧ ゲームも自己調整学習でできる！

私が「ゲームでもいいよ」と言った後も、子どもたちは半信半疑な様子でしたが、少しずつめあてを決めてゲームに取り組む子が出てきました。

ゲームでも、自己調整学習のサイクルを回すことには変わりありません。なんとなくダラダラやるのではなく、「ギリギリ達成できないめあて」を立て、しっかり振り返りをする中に学びがあると考えます。

ここでも大切なのは「昨日の自分を超える」こと。ただ「ポイントが貯まった」とか「主人公のレベルが上がった」というだけでは、仮想の主人公が成長しただけで、リアル空間の自分が成長したわけではありません。自分自身が成長したかどうか、それをどう測るのか。その理由はどこに

あって、次に工夫するならどうすればいいか。これらを考えながらゲームをすることは、とても大きな学びだと思うのです。

✧ ゲームも進化している

　今のゲームの自由度は、数年前とは比べものにならないくらい大きいです。オンライン対戦も含めて、頭を使わなければなかなか思ったように操作できません。近年、eスポーツという分野も盛り上がってきていますが、スポーツとして成立してしまうくらい、能力の微差まで表現できるようになっています。

　であれば、頭を使えばゲームを通して自分を成長させられる。私はそう思っています。74ページでゲーミフィケーションの重要性について書きましたが、ゲームの構造を学ぶ一番の手段は実際に体験してみることでしょう。ゲームから波及して、さまざまな思考力や想像力が伸びてくることを、実際の子どもたちの姿からも感じるのです。

　本気でやるのは大変です。その分、頭も使うし、疲れます。でも、達成すればうれしい。うまい人や憧れの人を参考に、友だちと相談しながら、自分を成長させていく。楽しいから頑張れる。そのサイクルこそ、まさに「学び」だと思うのです。

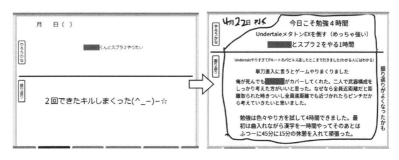

ゲームの攻略を振り返る様子

POINT
☑ リアル空間の自分が成長しているかどうか
☑ ゲームで培った力は、他分野にも波及する

11

スクールタクトでの自学実践⑦
その他編

✧ フィードバックして伴走していく

　中には、うまくめあてが立てられなかったり、振り返りが一言になってしまったり、毎回同じ感想になってしまったりする子もいます。そのような子にも、その段階に合わせて適切にフィードバックしていきました。

　ある子は、なかなかやることが決められませんでした。コメントで相談しながら伴走していくと、ある日、自分のファッションのコーディネートを写真に撮り、ポイントを文でまとめて表現してくれました。元々おしゃれ好きな子だったので、まさに「好きを学びにつなげられた」好例だなぁと思います。

　また、ある子は漢字をやったり、ゲームをやってみたりと試行錯誤していましたが、どれもなかなかしっくりこなかったようです。根気強く励ましていくと、ある日突然、素晴らしい絵を描いて公開してくれました。私たち教師はもちろん、ほかの友だちも、この子がこんなに緻密な絵を描けるなんて知らなかったので、とても驚かされました。その子のよさが認められた瞬間でした。

✧ 友好関係も広められる

　ある子は、1月からの転校生でした。すぐに休校になってしまったこともあり、なかなか友だちの輪を広げられませんでした。

　しかしこの子は、ほとんど毎日参加してくれました。スクールタクト

に自分の好きなものを豊かに表現したり、ZOOMでは積極的に話しかけたりしていました。

　ある日、「人狼ゲーム」というカードゲームを、オンラインでやってみようという話になりました。しかし、やり方がわかりません。そんな時「私、考えてみる」と言って、なんと１日でルールをまとめてくれました。「うまくいくかなぁ」と不安になる子もいましたが、ある子が「とりあえず、やってみようよ」と後押しをして、人狼ゲーム大会が始まりました。

　「とりあえずやってみる」という言葉が子どもの口から自然と発せられたことに、これまで自己調整学習をやってきてよかったなぁと感じました。軽やかに挑戦する。大切ですが、大人でもなかなかできないことですよね。

　ちなみにオンライン人狼ゲームはこの後、ルールの修正を繰り返しながらも、休校が明けるまで大流行することとなります。ルールや仕組みを考えてくれたこの子に対してみんな感謝しているし、一人の勇気をみんなで支えようとするところがとても素敵だなぁと感じた一場面でした。**オンラインでも協同して活動できる子どもたちの姿は、とても頼もしく感じました。**

洋服や絵など自分の好きなことを紹介する様子

POINT

☑ よさは突然爆発するもの！
☑ オンラインでも協同できる子どもの姿

12

ZOOMを活用した
学びの共有①

✧ ZOOMによる朝の会で自学の様子を紹介

　Web 会議システムの ZOOM は主に、ここまで紹介してきたスクール
タクトによる子どもたちの自学の様子を、子どもたち同士が共有できる
ようにするために導入しました。

　平日の朝8時半、ZOOM のルームを開設します。「朝の会」と称して、
子どもたち一人ひとりと挨拶をしながら、体調や最近の出来事について
話を聞き、緩やかにチェックインしていきます。

　ある程度人数がそろったら、前日の子どもたちの自学の様子を紹介し
ます。あらかじめスクリーンショットをスライドにまとめておいて、テ
ンポよくみんなで見ていきます。もし本人が朝の会に参加していれば、
実際に呼びかけてインタビューをします。自分の作品が紹介されるのは、
少し恥ずかしさがありつつもやはりうれしいようでした。

　ほかの子たちは、チャットなどを使って「すごい！」「上手！」など、
友だちの学びを賞讃しながら観ていました。

　一通り紹介が終わると、教師が少し話をし、質問などを受けつけます。
このあたりは、普段学校で行われている「朝の会」とほとんど同じイメー
ジかもしれませんね。インターネット上にある学習コンテンツを紹介す
るなど情報提供し、朝の会を一度終わりにします。

✧ 朝の会で見えてきたこと

　朝の会をやってみて気がついたのは、やはり非同期としてのスクール

タクトだと、特別仲のよい友だち以外のことをあまり観ていないということでした。同じ時間に、紹介されることで初めて観るという子も少なくありませんでした。このあたりもやはり、**同期と非同期のブレンドが必要**だなと感じました。

　また、友だちがやっている自学を参考にする姿勢も多く見られました。朝ということもあり、何をやろうか考えている子にとって、友だちが取り組んだものというのは「やってみようかな」と思わせる力があることを、改めて思い知らされました。

　多くの子が、この朝の会を楽しみにしてくれていました。親が仕事で不在になってしまい、妹2人の面倒を見ないといけない状態になってしまう子にとっては、友だちの顔を見たり話したりするこの時間はとても癒やしだったと話してくれました。

　また、ある子は休校期間に入って、生活リズムが崩れがちになってしまったそうです。それでも朝の会に参加したいからと、頑張って起きられるようになったと話してくれました。

　みんな、やはり友だちと会える場所を欲していたんですね。子どもたちにとって、友だちがどれだけ大切な存在であるかを改めて思い起こさせてもらいました。

ZOOM での朝の会の様子

POINT
☑ 朝の会で、友だちの自学を共有する
☑ 友だちに会えることは大きなモチベーション

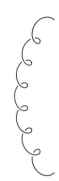

13
ZOOMを活用した学びの共有②

✧ 朝の会が終わってもZOOMは開きっぱなしに

　朝の会が終わった後、ZOOM をそのまま開きっぱなしにしていました。朝の会が終わると、そのまま雑談したり、友だち同士で相談したりする姿が見られました。オンライン人狼ゲーム（113ページ参照）が始まってからは、朝の会の後1時間くらい、立ち替わりホスト役を変えながら、みんなでゲームをやって過ごしました。

　その後はそれぞれ自習です。とくに話すわけでもなく、画面上で黙々と学習に取り組む子が多かったです。たまにわからないところがあると質問してくることもありました。私たち教師も3人、つないだまま仕事をしていたので、呼ばれれば誰かが対応しました。

　絵を描いたり工作したりしている子は、それを配信してくれました。完成してから披露してくれる子もいました。みんなでそれぞれ感想を言い合いながら、楽しく観させてもらいました。

✧ オンライン昼食も実現可能！

　お昼の時間にルームに入って、みんなでオンライン昼食もよくしていました。親が仕事で、一人で食べることになる子も多かったので、寂しくなくてよかったようです。「それ、おいしい？」「自分で作ったの？」などと話しながら、楽しいひとときを過ごしました。お菓子作りを配信してくれる子も多くいました。

　いつでもつながれる場があるということを大切にしたいと思って、こ

の実践を始めました。高学年とはいえ、一人でいるのは心細いですよね。地震があった時などは、本当にZOOMがあってよかったと感じる瞬間でした。

　ずっとつないでいない子にとっても、「ZOOMにつなげばみんながいるという安心感があるから頑張れた」と感想を言ってくれた子もいました。それぞれ入れる時間は違うからこそ、いつでも入れるようにしておきたいと思い、開けっぱなしという方法に至ったのでした。

✧✧ 終わりはオンライン帰りの会

　ルームを閉じるのは16時。「帰りの会」をやって終わります。ある子が「自分が司会をやります」と言って、ルールや方法も考え、すべて進めてくれました。その日一日やったことをみんなで共有して、それぞれの努力をねぎらい合って「また明日」。そんな毎日を過ごしていました。

　余談ですが、休校が明けて、全国的に子どもたちのストレスチェックがありました。多くのストレスが報告される中、この学年のストレスは優位に低い結果となりました。相関はわかりませんが、オンラインでつながり続けた成果かもしれませんね。

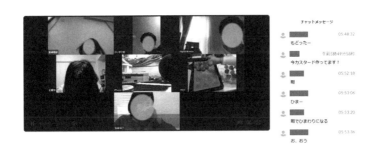

いつでもつながれる場を確保する！

POINT
- ☑ いつでもつながれる場があるということ
- ☑ 友だちとのつながりがストレスを軽減する

14

家庭と学校で、
共通の視点をもつ

✧ 教育観を保護者と共有しよう

　私たちの学年では休校期間前から、第2章、第3章にもあるようなさまざまな取り組みを行ってきました。しかし、保護者からのクレームはほとんどありません。今回の休校中の取り組みをきっかけに、全国の多くの学校教員から、そのことを不思議がられて質問されました。

　もちろん、保護者の方が寛大、という点はあるでしょう。その前提の上で、家庭と共有の視点をもつために、毎週「学年便り」を出し続けてきました。もしかすると、この取り組みが日頃の学校生活での理解につながり、休校期間中のオンラインを可能にしたのかもしれません。

　学級便りを頻繁に発行するクラスはよく耳にしますが、学年便りを毎週発行する学年は、私はほかに聞いたことがありません。学年便りとは通常、月初めに発行し、その月の行事や学習予定について連絡します。

　私たちの学年も、月初めに同じような学年便りを発行しています。それとは別に、「週刊学年便り」も出しています。内容も予定の連絡だけではなく、子どもたちの様子と私たちの教育観、職員室で話していることを書きます。『編集後記。』と題し、ブログのような形式でまとめています。

　何か問題が起こった時に「学校としてはこういうつもりだった」と言っても、後出しジャンケンのようになってしまうんですよね。取り組みながら、その思いを家庭と共有したいと思って始めました。

　「いつも楽しく読ませてもらってます」と、うれしい言葉も寄せていただいています。**子どもの成長を願う気持ちは同じ。大人たちが協力して、頭をひねる姿勢が大切だと思うのです。**

編集後記。

令和元年度　第5学年通信別紙Vol.39

失敗した回数＝挑戦した回数

失敗を恐れず、挑戦する。

大人の誰しもが、子供に対して願うことでしょう。

しかし、現実はなかなかそうはなってくれません。なぜでしょう？

それは、子供たちが実際に失敗をしたときに、私達大人が取ってしまう言動に原因があるのかもしれません。

私達大人は、「積極的に挑戦してほしい！」とは思うものの、「積極的に失敗してほしい！」とはなかなか思えないものです。

しかし、失敗しない挑戦なんてありえません。

子供たちが挑戦できないとしたら、それは大人が子供の失敗を自分のことのように悲観したり、子供が失敗しないように予防線を張りすぎたりしているからなのかもしれませんね。

学校のプログラミングの授業では、何回失敗したかを書かせています。

失敗した回数は、挑戦した回数。失敗した数だけ、成功に近付く。

算数の授業では、練習問題で100点取った子に「惜しかったね。」と声をかけます。

間違えの中に宝物がある。自分の苦手や「くせ」を知ること。

大人が、失敗の受け止め方や次の声掛けを変えていかなければなぁと話しています。

そして、大人自身も、失敗するような挑戦をしていくこと。

背中で教えられるような大人でありたいですね。

編集後記。

令和元年度　第5学年通信別紙Vol.40

最終号。感謝とともに！

　まさかの休校により、編集後記も最終号となってしまいました。

　授業がなくなり、自分で頑張る以外に方法がなくなりましたが、みんなはどんな学びができたかな？

　自分で毎日あてを立て、こつこつ努力できた人もたくさんいました。

　その力は、みんながこの1年で培ってきた力だね。

　ついサボってしまった人。自分の力では頑張れなかった人。

　これからも道は続きます。弱い自分を受け止め、自分の心をコントロールできる人になるための学びとしましょう。

　今回の休校期間は、いわばテストのようなものだったかもしれません。

　自分で自分の学びをデザインし、コントロールできるかどうかのテスト。

　そして、テストとは、自分の今の力を知るためのもの。

　誰かと比べたり、評価されたりするためのものではありません。

　どんな結果であれ、自分に点数をつけ、しっかり振り返ればきっと成長できる。

　この1年、みんなの成長を側で感じられるのが何よりも幸せでした。

　みんなの頑張りに、先生たちも多くの刺激をもらいました。ありがとう。

　4月から6年生。前原小学校を引っ張っていってね。楽しみだ。

　これからの長い人生、仲間と、楽しみながら学んでいってください。また、いつか。

編集後記。

令和2年度　第6学年通信別紙
Vol.44

スクラップ&ビルド

人は変われる。人の心というのは、習慣が作り上げたものだから。

そんな言葉が好きです。可能性に満ちているようで。

学年でも1年以上前から、習慣を作る大切さを話してきました。

一方で、変われない自分もまた習慣。

矛盾しているようですが、習慣は作りながら、同時に壊していく必要があるのです。

スクラップ&ビルド。これこそ成長の原理です。

新型コロナウイルスにより、日常は大きく変わりました。

学校も、生活リズムや授業スタイルの変更を余儀なくされています。

休校期間中とのギャップもそれぞれに感じているようです。

加えて、昨年度の1年間で頑張れなかったことも。

なかなか変われない自分と向き合うことは、成長にとってとても大切なことです。

幼虫は、チョウになる前にサナギになります。

思うように動けないサナギの中は、ドロドロなのだそうです。

勇気がいることですよね。変わるのは誰だって怖いことです。

それでも、変わろうと頑張っている子どもたちの姿も多く見られます。

私たち大人も、負けじとスクラップ&ビルドしていきたいものですね。

15

学びの定義を拡張する

✧ 学びと遊びの境界線はない

　休校期間が長引くにつれ、世間の小中学生をもつ親からは「うちの子が全然勉強しないんです……」という声が聞かれるようになりました。

　そもそも、学びとはなんでしょう。学びではないものは何でしょう。よく学びと対比して使われるのが「遊び」ですね。「遊んでばかりで学ばない」という表現もよく耳にします。

　それでは私たち大人は、学びと遊びの境界線をどこに引いているのでしょう。

　一つは、学校で教科書を使って学ぶ学びこそ「学び」という捉え方。言い換えれば、受験入試用といってもいいかもしれません。

　机に向かってカリカリと鉛筆を動かす。ほぼ誰が見ても「学んでいる」状態だといえそうです。

　その外側に、実技と呼ばれる教科や学校外での習い事があります。ピアノや絵画などの芸術、運動やスポーツ、武道。これらを含めて「学び」と定義する人も多いのではないでしょうか。たとえ受験に使わなかったり、将来仕事につながらなかったりしても学びだと。

　さらに、その外側に、これまで紹介してきたような活動同心円があるような気がしています。ゲームやパズル、お菓子作りのような、多くの人が「遊び」と呼ぶ領域です。この間で線を引き、学びと遊びを区別している大人が多いように感じるのです。

✧ 自分にとっての学びの再定義を

なぜ、ここで線を引くのでしょう？　子どもたちが熱中しているから「遊び」なのでしょうか？　我慢していないからでしょうか？

学びとは、我慢しなければいけないことなのでしょうか？　将棋界の藤井聡太棋士が将棋を指していたら、「遊んでいる」と形容するでしょうか？

✧ 私にとっての「学び」の定義

私はこれまでにも述べてきたように、学びの定義を広く捉えています。しかし、何もかもを「学び」として許容しているわけではありません。その学びが自分自身の成長につながっているか、いやなことから逃げるためにやってはいないか、強迫観念や中毒症状的になってはいないか。

これらを学び以外の領域と位置づけることで、「自分で選んだ」とか「好き」という学びの出発点との間に境界線を引きたいと思っています。

学びと聞いて許容できる範囲はそれぞれ異なり、それぞれに理由があると思います。しかし、それをしっかり意識しておくこと、そして必要によっては子どもに伝えられることが大切なのではないかと思うのです。

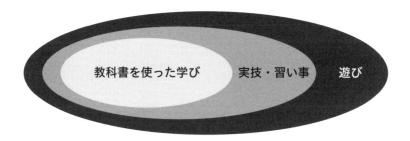

教科書を使った学び　　実技・習い事　　遊び

学びの定義

POINT
- ☑ 大人の固定観念が、子どもを学びから逃走させている
- ☑ 学びの定義を拡張してみる

16

学びの拡張①
遊びの力

✧ 昨日の自分を超える

　私にとっての学びの定義は、「昨日の自分を超える」ことです。何をするかではなく、昨日より成長しているか。そこに絶えず挑戦し続けている姿こそが学んでいる状態だと思うのです。

　こう言うと、厳しすぎると思われることがあります。補足すると、私は何も「毎日自己最高記録を出せ」と言っているわけではありません。

　人間、気分にムラもあれば調子の優れない時だってあります。昨日の自分をどうやったら超えられるかを考える。全力を出して挑戦する。そして結果を受け止める。それを支えるのが大人の役目であって、ほめたり叱ったりする必要は基本的にはないと思っています。

　昨日より記録が上がれば一緒に喜べばいいし、記録が下がったら一緒に原因を考えたらいい。追い込む必要はありません。

　大切なのは「残念だった」とか「運が悪かった」で終わらせず、理由を分析することです。それが、次の挑戦へのエネルギーとなります。

✧ 選んだものを否定しない

　究極、昨日の自分を超えるような学びのサイクルを回していれば、ゲームを含め、子どもが選んだものを否定しなくてよいとさえ思っています。自分で自分を成長させる力が身につけば、どんなものにだって適用できると思うからです。自分でやることを選択する。

　この自己決定こそ、学びを楽しむ上でなくてはならない要素だと思う

のです。

　子どもたちにも「全力で遊べば、すべて学びだよ」と話しています。子どもたちは、「これが学びでこれは遊び」と明確に分けています。きつくて退屈なものが学び、楽しいものは遊び。

　でも、本来そういうものではないんじゃないかなぁと思うのです。

✧ 遊びのもつ力

　「遊び」には、大きな力があります。楽しいと、ストレスがまったくかかりません。時間も疲れも忘れて、ひたすら没頭することができます。また、楽しんでいたら自然と覚えてしまったという経験が、誰にでもあるのではないでしょうか。

　好きなもの、楽しいことならどんどん吸収できてしまうことは、脳神経科学の観点からも証明されています。

　学校で習う学習事項に価値がないとは言いません。そもそも、アカデミックなものとは、本来探究しがいのある、とても楽しいもののはず。

　それが楽しいと思えていないのなら、まずは楽しいものから取り組み、学ぶ楽しさを取り戻しながら力をつけていけばよいのではないでしょうか。

　必ず、アカデミックの分野は重なるものと信じています。

POINT

☑ 全力で遊べば、すべて学び

☑ 好きなもの、楽しいことならどんどん吸収してしまう

17

学びの拡張②
好奇心を思い起こす

✧ やりたいことがない？

　ここ最近、やりたいことがない、楽しいと思えることがないという若者が多いと耳にします。「うちの子には好きなことがないんです」という親からの相談を受けることもあります。本当にそんなことってあるのでしょうか。

　元々、どんな生き物でも好奇心満載で生まれてきます。好奇心がなければ、自然淘汰されてしまうのがこの世界。人が立ち上がるのも言葉をしゃべるのも、特別誰かから手取り足取り教わるわけではありませんね。古今東西ほとんどすべての赤ちゃんは、好奇心があるから遊びながら学んでいくのです。

　それなら、なぜその好奇心が失われてしまうのでしょう？　その原因は、もしかすると大人がよかれと思っている教育の責任なのかもしれません。

✧ 好奇心が失われる原因

　子どもが好きでやっていることに価値をつける。遊びは価値が低くて、受験で役立つようなアカデミックな勉強にこそ価値がある。

　ほかの人と比べて、早く習熟することやより能力の高いことを評価基準にして競争させる。そのような環境の中で、子どもたちは楽しいことに対して、なんとなく後ろめたさを感じているのではないでしょうか。

　子どもに「好きな勉強をやっていいよ」と選択肢を示し、自由に選ば

せているというケースも耳にします。しかしそれだと、選択肢があまりに限定的すぎるんじゃないかと思っています。たとえるなら、野菜嫌いの子が「レタスとキャベツとキュウリ、どれでも選んでいいよ」と言われているような状態です。そこに肉や米などの選択肢はない。

それって自由に選ばせてあげられているのかなぁと思うのです。

✧ 「夢は逃げない」

私の大好きな言葉を紹介します。

「夢は逃げない。逃げるのは、いつも自分だ。」

著作家で冒険家の高橋歩さんの言葉です。

子どもたちも、好きなものがないわけではないんだと思います。生育環境の中で、忘れてしまっているだけ。学ぶ楽しさも生きる喜びも、生来的にもっているのが人間だし、学問と呼ばれるアカデミックなものも本来ワクワクに満ちたものだったはずです。

だから私は、この休校期間中の取り組みを通して、子どもたちに「学びの楽しさを取り戻す」ことをしてほしいと願ってきました。学び、成長することは生きる喜び、未来への活力です。

楽しいことがないと思い込んでいるから、ゲームや動画などのバーチャル世界に逃避しているだけなのではないでしょうか。

POINT
☑ どんな生き物も、好奇心満載で生まれてくる
☑ 学び、成長することこそ生きる喜び

18

学びの拡張③
アウトプットをくぐらせる

✧ 好きなことを学びにつなげるには

　「好きなことをやっていいと言ったら、いつまで経ってもゲームやマンガ、動画ばかり観ている」という保護者からの相談もいただきます。そこで私は、アウトプットを条件にすることを提案します。

　やりたいことをやってよい。ただし、次のことをすること。

① 　始める前にめあてを立てる。
② 　全力で取り組み、昨日の自分を超える。
③ 　アウトプットにつなげる。

　好きなことを、小言を言われずにやるための条件であれば、多くの子が同意するのではないでしょうか。そして、このサイクルの中に大きな学びが生まれると思うのです。

✧ アウトプットにつなげる

　とくに大切なのが、アウトプットにつなげることです。振り返りも、文章化すれば十分アウトプットですよね。

　ほかにも、工作したり、絵で表現したり、本や図鑑を作ったりすることも考えられます。音楽で表現したり、動画クリエイターのように紹介する動画を作成したりするのもおもしろいかもしれません。

　最初のうちは、ただ子どもに話をさせるだけでもよいと思います。ど

んなところが魅力で、自分が新しく気づいたのはどんなことで、これからどんなことを楽しみに思っているのか。熱を帯びて話しているうちに、脳内では高速にリフレクションが起こります。

　話すというのは、立派なアウトプットですよね。大人は、なるべく興味をもって聴いてあげる姿勢をもちたいものです。

✧ 一人でも、おもしろがってくれる人がいれば

　アウトプットは何も、多くの群衆に公開して賞賛される必要はありません。誰か一人でも、おもしろがって観てくれる人がいれば、それだけで大きな学びのモチベーションになります。それが人生の喜びにさえつながると思うのです。

　本校の休校期間中では、子どもたちを巻き込みながら、担任一同は「よきファン」であるように徹していました。おもしろがる。感動する。次を楽しみにする。そんな姿勢で接してきました。

　すると、子どもたちとの距離がぐんと近くなるんですね。自分の好きなものを共有できるというのは、誰だってうれしいものです。

　子どもたちの間でも、普段の学校ではあまり話さなかった子同士が、この休校期間で仲よしになったという事例が多くありました。「好き」を安心して表現できる場の大切さを、改めて感じさせられました。

POINT

☑ アウトプットの場をつくり、よきファンに徹する
☑ 「好き」が共有できれば、距離はぐんと縮まる

19
生きることは
楽しいという実感

✧ 多様な取り組みがもたらす効果

　休校期間中、本当に多様な取り組みが見られました。それらはどれも、テストの点数や偏差値では比べられないようなものでした。

　学校はどうしても、同じ物差しで子どもを比べてしまいがちです。その中で子どもたちは萎縮し、人と比較することばかりを学んでしまっているのかもしれません。

　絵や音楽、工作など表現方法を多様にもち、さらには材料も自由にすることで、評価の軸はどんどん分散していくんですよね。サッカーのうまさとピアノの巧みさに優劣なんてない。そうやって、子どもたちは損得なく、心の底から友だちのことを賞賛できるようになると思うのです。

✧ 人は誰しもアウトプットしたい生き物

　他人と比べなくなると、子どもたちはどんどんアウトプットするようになります。そんな姿を見ていると、人は本来アウトプットをしたい生き物なんだなぁとしみじみ感じます。

　恥ずかしいとか、勇気を出さなければいけないもの、という考えは大人の先入観かもしれません。誰かが表現をすると「自慢？」と言われたり、「それほど上手じゃないよね」と批評されたりする。

　それはきっと、他者と比較され続ける中で、自己防衛のために編み出された詭弁なのではないでしょうか。

✦ リアクションがある喜び

　特別支援学校で、重度の知的障害をもつ子たちと出会いました。その子たちの中には、隣の人に爪を立てたり、自分の顔を叩いたり、ガラスを割ったり、牛乳を頭にかけたりする子がいました。最初はその理由がわからず、ただ叱っていました。

　しかし、考えていく中でふと気づいたのです。これって、私が大きく反応するからやるのかも、と。私も小さい頃はよくゲームをしましたが、何をしても反応が返ってこないようなゲームはとても退屈だったことを思い出しました。

　子どもたちにとっても、行動に対して大きなリアクションが起こった時に、「生きてる！」「楽しい！」って実感しているのかもしれません。そこに悪意なんてないし、ましてや誰かを傷つけたいなんていう気持ちはないはずですから。

　自分が歩みを進めると景色が変わり、腕を動かすと世界がちょっとだけ変化する。その連続こそ生きる喜びなんじゃないかと、私はその子たちから学びました。その変化は、大きければ大きいほど楽しさも倍増するし、自分にとってより好ましい反応が返ってきたほうがうれしい。

　大好きな人が喜んでくれたり、「おかしい」と思うものが、声を上げることで少しずつ改善されていったりするのを見るのは誰だって喜びそのものです。

POINT
- ☑ 評価の軸を多様化すると、アウトプットしたくなる
- ☑ リアクションが返ってくることこそ生きる喜び！

20

幸せのために

✧ 何のために学ぶ？

　何のために学ぶのか。よく交わされるテーマであり、教育者が常に考えておかなければいけないことだと思います。

　私は「幸せのために学ぶ」のだと思っています。学び、成長することで大きなリアクションが生み出せたり、選択肢が増えたりします。また、仲間が増えたり、大切な人を守る力が得られたりもします。それはすべて、自分の幸せにつながるはずです。

　もっと言えば、学ばなければいけない理由なんて存在しないとも思っています。学ぶか学ばないかは、自分で決めればいい。学校の勉強ができてもできなくても、幸せには関係ありません。心の底からそう思えた時、人は誰しも進んで学ぶようになると信じています。

　それは、これまで何度も書いてきたことではありますが、学ぶこと・成長すること自体が本質的な喜びのはずです。

✧ アウトプットにつなげる

　私はこのことを、鬼ごっこにたとえます。鬼ごっこ、楽しいですよね。今の子どもたちも大好きです。

　では、鬼ごっこの目的ってなんでしょう？　鬼は人を捕まえること、人は鬼から逃げ切ること、でしょうか。確かに、それはゲームを進行する上での手段ではあります。しかし、人生を生き抜く上で「鬼に捕まらない」とか「誰かを捕まえたい」という目的で鬼ごっこに参加する人はい

ません。鬼として誰かを追いかけたり、また鬼に追いかけられて逃げたりすることそのものが楽しいから、鬼ごっこをするんだと思います。

　学ぶことも同じ。将来の幸せは、生きていく上でのゴールかもしれませんが、人生の目的とは「生きる喜びを感じること」ではないでしょうか。

　日々成長していく、それ自体が楽しい。成長すると、世界がより楽しいものにアップデートされる。その循環こそが、学びが人生にもたらす大きな価値なのではないでしょうか。

✧ 将来の幸せのために我慢する？

　日本人はよく「将来のために我慢する」というマインドを持ち出します。本当にそうでしょうか。

　「よい大学に入れば幸せになれる」と言われて我慢させられ、大学に入ると「よい企業に」と言われ、企業に入ると「よい役職に」と言われ、役職に就くと「よい老後のために」と言われる。私たちが生まれてきた意味、生きていく目的って、「よい老後」のためにあるのでしょうか？

　そうではなく、もっと今に目を向け、他人と比較せず、もっと幸せになっていいのだと思うのです。

POINT

☑ 学びそのものが生きる喜び
☑ 未来に後回しせず、今を幸せに生きる

保護者から見た休校中の取り組み

　緊急事態宣言に伴う休校が決定した際、やはり一人の親として、我が子の学びが止まってしまうのではないかと不安になりました。そんな中、下校後の息子から「明日、ZOOM を使って朝の会をするって」と突然の報告。少し戸惑いながら、アプリをインストールしたのを鮮明に覚えています。翌日から実際に朝の会が開催され、徐々に休校中の学びのスタイルが整えられていきました。

　具体的には、1日ごとにスクールタクトを用いて「めあて」を立て、その日の終わりに成果を振り返り、提出。平日の朝に行われる ZOOM での朝の会で先生が中心となり、共有しているそれぞれのスクールタクトについて感想やコメントを交わす。これが、おおまかな流れとなっていたようです。

　一度、息子のめあてが詰め込みすぎのように感じ、指摘したことがあります。すると「めあては、ぎりぎり達成できるくらいで立てるんだ」との返事。先生方と子どもたちとの間には、「めあてを達成するために全力を出すことが大切」という共通認識があると聞き、私自身、気づかされるものがありました。

　気づきといえば、息子は親の手と目を離れ、社会（＝学校）の一員として生活しているのだと改めて実感もしました。めあてを立て、それを達成すべく奮闘するモチベーションの根っこには、先生やお友だちに認められたいという思いもあったのでしょう。事実、先生方に学びの過程と成果をフォローしていただけるのが、彼の励みとなっていました。同時に、お友だちのスクールタクトにもさまざまな刺激を受けたようです。

　ドリルや塾の課題などのいわゆるお勉強系の学習から次第にはみ出し、お菓子を作ったり、ランニングの記録をグラフ化したり、興味をもった出来事を調べてみたり、本を写真とともに紹介したりと、創意工夫を凝らしていく姿に頼もしさを感じました。休校期間中を顧みると、スクールタクトというツール、朝の会というコミュニケーションの場が両輪となり、息子の学びを支えてくれたのだと思います。

　めあてを立てる→実行する→振り返る→結果を共有し、感想やアドバイスをもらう→さらに1歩進んだめあてを立てる、という一連のサイクルは、大人になってからも必要不可欠なスキルです。休校期間中の体験が彼の財産となり、学び、そして生きていく上での確たる土台となることを願っています。

（児童保護者　山口美加子）

著者紹介

蓑手 章吾（みのて しょうご）

小金井市前原小学校 主任教諭

教員14年目。専門教科は国語で、教師道場修了。特別活動や生活科・総合的な学習の時間についても専門的に学ぶ。特別支援学校でのインクルーシブ教育や、発達の系統性、学習心理学に関心をもち、教鞭をとる傍ら大学院に通い、「人間発達プログラム」で修士号を取得。特別支援2種免許を所有。ICT活用に関しても高い関心があり、多くのセミナーや勉強会に参加。ICT CONNECT 21が主催する「先生発！最新のICT技術で教育現場を変えるハッカソン」ではチームリーダーとして全国グランプリを受賞。現任校ではICTプロジェクト主任も務める。セミナー登壇経験多数。現在、月刊教育雑誌『授業力&学級経営力』（明治図書）にて、「普通の小学校でもここまでできる！ プログラミング教育スタートガイド」の連載を担当。

共 著

『知的障害特別支援学校のICTを活用した授業づくり』ジアース教育新社、2016年
『before & afterでわかる！ 研究主任の仕事アップデート』明治図書、2020年
『オンライン授業スタートブック—子どもとつながり、学びが広がる！』学事出版、2020年
『70の事例でわかる・できる！ 小学校オンライン授業ガイド』明治図書、2020年
『withコロナ時代の授業のあり方』明治図書、2020年

コラム執筆者

佐藤祥子（小金井市立前原小学校教諭）
青木智宏（公益財団法人ベネッセこども基金）
松浦隆太郎（元杉並区立済美養護学校長）
東川琢真（小金井市立前原小学校教諭）
山口美加子（児童保護者）

子どもが自ら学び出す！　自由進度学習のはじめかた

2021 年 2 月 17 日　初版発行
2024 年 9 月 13 日　9 刷発行

著　者————— 蓑手 章吾

発行者————— 佐久間重嘉

発行所————— 学 陽 書 房

　　　　　　　〒 102-0072　東京都千代田区飯田橋 1-9-3
営業部————— TEL 03-3261-1111 ／ FAX 03-5211-3300
編集部————— TEL 03-3261-1112
　　　　　　　http://www.gakuyo.co.jp/

ブックデザイン／スタジオダンク　　イラスト／尾代ゆうこ
DTP 制作／越海辰夫　　印刷・製本／三省堂印刷